LES MYSTIFICATEURS.

OUVRAGES D'ERNEST CAPENDU.

Les Colonnes d'Hercule.......... 1 vol. 1 fr.
Les Mystificateurs............... 1 vol. 1 fr.

ERNEST CAPENDU.

LES

MYSTIFICATEURS

PARIS
ALEXANDRE CADOT, ÉDITEUR,
37, RUE SERPENTE, 37.

1860

UN MYSTIFICATEUR
en 1794

Il n'est aucun de nos lecteurs qui n'ait remarqué depuis quelques années ces pérégrinations étranges accomplies par certaines classes du règne végétal, aucun qui n'ait accompagné d'un regard étonné et admirateur ces promeneurs singuliers sillonnant au printemps et à l'automne nos boulevards, nos promenades, nos quais ou nos grandes voies de communication.

Comme ils passent fiers sous nos yeux, abandonnant le sol qui les a vus naître, ces arbres majestueux qui se pavanent sur d'immenses chariots, traversant Paris, la tête orgueilleusement dressée, pour aller prendre possession du nouveau domicile que leur a assigné l'intelligent caprice de M. Alphand, le grand déménageur des arbres par excellence, le célèbre ingénieur en chef des promenades publiques de la ville de Paris et du bois de Boulogne.

Une escouade d'ouvriers les accompagne, une autre escouade les attend, les préparatifs sont faits pour les recevoir le plus délicatement du monde et quelques jours après ces promenades dangereuses qui ont forcément attaqué leur santé, on les voit tous, ces pauvres convalescents, emmaillottés dans ce fourreau gris, sorte de robe de chambre qui donne à tous ces pauvres arbres un faux air de malades de l'Hôtel-Dieu.

Une chose curieuse à écrire et plus curieuse à lire encore serait la biographie de quelques-uns de ces magnifiques végétaux, tant de ceux qui existaient à Paris et y ont conservé leur place, que de ceux nouvellement emménagés.

Aux Tuileries, à la place Royale, au Luxembourg, au Palais-Royal, au cours la Reine, chaque arbre a, pour ainsi dire, droit à un article spécial, et chaque histoire offrirait un précieux document à la curiosité publique.

Cette réflexion nous prenait à l'esprit avant-hier matin, alors que nous traversions la place du Châtelet, et que nous admirions le résultat du travail étrange à l'aide duquel on a pris la fontaine pour la transporter sur un autre point de la place, en lui donnant un soubassement nouveau.

On sait que les arbres qui entourent la fontaine proviennent de la place de la barrière du Trône. L'un d'eux, nous ne saurions dire pourquoi, par un pressentiment sans doute, attirait surtout notre attention, c'était le troisième en comptant de gauche à droite, et en tournant le dos à la Chambre des notaires.

Soit résultat de la fatigue de son emménagement récent, soit par indisposition provenant de toute autre cause, l'arbre nous paraissait triste, soucieux, mélancolique.

Regrettait-il le sol natal dont il s'était vu brusquement exproprié, ou bien son caractère d'arbre était-il porté à la tristesse par suite des événements de sa vie passée?

Voilà ce que, certes, nous n'eussions su dire, si le hasard ne s'était plu à venir à notre aide.

Près de nous se tenait un ouvrier qui, lui aussi, paraissait regarder attentivement les embellissements de la place.

Sans doute il avait remarqué l'intérêt que nous portions à l'arbre en face duquel nous étions placé, car, souriant tout à coup, il nous dit, en désignant du geste le marronnier sombre :

« Je vous réponds qu'il tenait celui-là ! Il avait des racines grosses comme mon corps !

— Comment? lui répondîmes-nous ; avez-vous donc assisté à son arrachement ?

— Mieux que cela ; j'étais un de ceux qui l'ont enlevé, et il nous a donné fièrement de mal !

— Ah ! vous avez travaillé à son enlèvement du sol ?

— Oui monsieur.

— Et l'opération a été difficile?

— Je vous dis qu'il tenait comme s'il avait été scellé dans la terre.

— Il était sur la place de la barrière du Trône, n'est-ce pas ?

— Oui, monsieur. Oh ! je le vois encore. Il faisait partie de la première rangée à droite, et il était planté juste au centre, un peu même en avant des autres.

— Au centre, à droite, et un peu en avant des

autres ? répétâmes-nous avec une certaine émotion.

— Oui, monsieur, » reprit l'ouvrier.

Nous regardâmes l'arbre avec une attention nouvelle et plus grande encore.

Les quelques mots prononcés par notre interlocuteur nous avaient expliqué l'aspect soucieux, mélancolique et chagrin du beau marronnier, et nous avaient en même temps reporté par la pensée aux plus mauvais jours de la Révolution.

En effet, cet arbre que nous avions devant nous avait servi jadis de point d'appui à la guillotine, lorsqu'en 1794 la sanguinaire machine s'était dressée sur le rond-point de la barrière du Trône, par suite des réclamations des boutiquiers de la rue Saint-Honoré, lesquels avaient déclaré unanimement que les exécutions faites sur la place de la Révolution gênaient et entravaient considérablement leur commerce.

Absorbé plus que jamais dans notre contemplation, nous ne pouvions détourner nos regards de cet arbre, témoin de tant de crimes, de cet arbre, dont le sang avait plus d'une fois éclaboussé le tronc, dont les feuilles avaient abrité de leur ombre victimes, bourreaux et spectateurs.

Ce marronnier se dressait là comme une sinistre évocation d'une époque fatale, lorsque soudain un souvenir se fit jour dans notre esprit, et une pensée consolante vint succéder au lugubre panorama que la mémoire faisait défiler sous nos yeux.

Si cet arbre avait été témoin de bien des crimes atroces, qui avaient certes dû lui donner la plus pénible opinion de l'espèce humaine, il avait, en revanche, été à même d'assister aux preuves de l'un des plus grands courages inconnus et de l'un des plus généreux dévouements ignorés que la société ait à inscrire sur les pages de ses plus brillantes annales (ce que cependant elle n'a pas jugé jusqu'ici à propos de faire).

Cet arbre-là, de 1793 à 1794, au plus fort de la Terreur, avait offert la nuit, au milieu de ses branches entrelacées, un abri à un homme auquel les biographies n'ont pas daigné consacrer un article spécial, et qui cependant avait pour titre à la reconnaissance publique d'avoir, en risquant sa vie à chaque heure de chaque jour, sauvé du couteau fatal près de huit cents victimes, et parmi ces victimes arrachées au bourreau par une main inconnue se trouvait madame de Beauharnais, sur le front de laquelle l'empereur Napléon Ier devait un jour poser de ses mains le diadème impérial et royal.

Comment s'appelait ce bienfaiteur de l'humanité ? Il se nommait La Bussière.

Qu'était-il ? Un ancien comédien, un émule de Volange.

Mais pourquoi avait-il choisi cet arbre du rondpoint de la barière du Trône pour y établir son domicile nocturne ? Quel rôle cet arbre avait-il joué dans ces actes multipliés de dévouement ? Comment enfin La Bussière était-il parvenu à se placer ainsi entre les victimes désignées par Robespierre et la guillotine ?

Voilà ce que nos souvenirs nous rappelaient confusément, mais ce que cependant nous n'étions pas certains d'avoir su bien complètement.

Durant la fin de la journée l'arbre de la place du Châtelet et le nom de celui qui l'avait illustré nous revinrent dans la pensée avec une ténacité que rien ne parvenait à combattre.

Le lendemain nous étions en campagne et la bibliothèque imperiale aidant, nous nous emparions du fil qui à travers un dédale d'aventures devait nous conduire à notre but.

Après quelques recherches infructueuses nous mimes enfin la main sur quatre gros volumes publiés en 1803 par le jurisconsulte Liénard et ayant pour titre et pour soùs titre :

CHARLES

ou

Mémoires historiques de M. de La Bussière

ex-employé au comité de Salut-Public.

C'était une trouvaille heureuse, mais après avoir lu une partie des deux premiers volumes notre embarras fut plus grand encore qu'avant de les avoir ouverts.

Au milieu d'un pêle-mêle de traits d'esprit, de saillies, de bons mots attribués à La Bussière, d'anecdotes amusantes, se trouvaient des absurdités si grandes, si peu admissibles, que la vérité devenait sinon impossible, au moins fort difficile à démêler.

Cependant nous ne nous décourageâmes pas.

Nous feuilletâmes *l'Histoire du théâtre français* d'Étienne et Martinville, puis les *Mémoires de Fleury*, ridigés par Lafitte, la *Revue des Comédiens* (1808), les *Bigarrures anecdoctiques* de F. Pillet et nous parvînmes à extraire de tout cela une histoire véridique, simple et touchante souvent, émouvante et dramatique parfois, amusante toujours, qui nous séduisit au point que nous résolûmes de prendre la plume pour en retracer les péripéties principales.

Ce n'est donc point un roman que nous présentons cette fois au lecteur, ce n'est pas le produit de notre imaginations que nous allons tracer dans les pages suivantes, c'est une histoire vraie, une sorte de biographie d'un homme oublié par la plupart des biographes, c'est enfin le résultat des recherches et des compilations que nous venons d'indiquer.

Et lorsque le lecteur aura pris connaissance des chapitres que nous consacrons à notre héros ignoré et à l'arbre qui nous a remis sur la voie de cette touchante et dramatique histoire, nous lui demanderons s'il est de notre avis et s'il trouve que quelques-uns de nos *grands arbres en robe de chambre* méritent la peine d'être traités comme nos grands hommes.

Dans ce cas nous nous ferons volontiers leur historiographe.

Paris, 10 novembre 1859.

ERNEST CAPENDU.

I

La chaise à porteurs.

La Bussière avait été acteur, il avait joué la comédie, et quelle comédie, grand Dieu! Il remplissait les rôles de Paillasse au théâtre Mareux.

Ex-cadet au régiment de Savoie-Carignan, l'amour du théâtre lui avait fait jeter au loin la cape et l'épée pour se barbouiller le visage de farine, et venir recevoir sur les tréteaux le coup de pied traditionnel.

Durant deux années, de 1788 à 1790, il avait été l'émule de Volanges, le rival de Beaulieu, le niais spirituel, l'acteur favori du boulevard pour sa bêtise si fine et sa balourdise si divertissante.

Il s'était engagé, au reste, plutôt comme amateur que comme artiste; car, ayant reçu une éducation assez soignée, issu d'une bonne famille, il possédait une petite aisance avant que le bouleversement révolutionnaire vînt annihiler les fortunes acquises pour en créer de nouvelles.

Mais son caractère original l'avait poussé malgré lui. Son esprit indépendant avait toujours su contraindre son corps à ses moindres caprices.

Pour La Bussière, il n'existait pas de saisons, pas de jours, pas de nuits, pas d'heures. Suivant sa fantaisie, il se couvrait de fourrures au mois de juillet, et portait en décembre des habits de taffetas; il soupait à midi et déjeunait à deux heures du matin; il rendait ses visites la nuit et dormait tranquillement pendant les heures du jour.

Son amour du théâtre avait seul pu le forcer à une habitude suivie; car il fallait bien jouer le soir et non le matin.

Du reste, toujours joyeux, toujours serviable, brave jusqu'à l'audace la plus folle, dégainant vite lorsqu'il avait affaire à plus fort que lui, et protégeant le faible partout où il en trouvait l'occasion, il possédait par-dessus tout la science et la hardiesse du mystificateur, non pas du mystificateur de salon se jouant sans péril des ridicules d'autrui, mais bien de celui de place publique, riant au nez d'une multitude furieuse qu'il bafouait à sa guise, et dont il bravait la colère en face.

Une fois, entre autres, ce désir de mystifier faillit le conduire tout droit sur cet échafaud auquel il devait, quelques mois plus tard, arracher tant de victimes.

C'était en 1793, le soir du 11 brumaire an II de la République une et indivisible, en pleine Terreur enfin. Paris, depuis quelques jours, était en proie à une agitation extrême : de grands événements venaient de s'accomplir, de plus grands se préparaient encore.

Quinze jours auparavant, Marie-Antoinette, « cette femme, la honte de l'humanité et de son sexe, » ainsi qu'osa l'appeler l'atroce Billaud-Varennes, celle qui avait été reine de France, avait livré sa noble et belle tête à la sanguinaire machine.

La veille, vingt et un girondins avaient été condamnés à mort et avaient marché au supplice en chantant la Marseillaise.

Le jour même, la Convention venait de décréter la confiscation de tous les biens des émigrés, et le procès de Philippe-Égalité, ci-devant duc d'Orléans, allait être porté devant l'Assemblée.

Ce soir-là, cette agitation, dont nous parlions, régnait dans toutes les têtes et semblait avoir atteint à son paroxysme.

Les alentours du Palais-Égalité, le jardin, les places publiques étaient remplis de curieux à l'affût des nouvelles, interrogeant avec avidité ces nombreux orateurs de carrefour dont la race se multiplie si fort aux jours de révolution et d'émotion populaire.

Mais c'est surtout dans les clubs et les sections des faubourgs que le tumulte avait pris les proportions les plus sinistres.

Dans le quartier Saint-Antoine, dans le quartier Saint-Marceau, patrie des vrais et purs sans-culottes, le peuple se rassemblait, se pressait, se bousculait, parlait, discutait, pérorait avec un entrain, une véhémence, indices toujours certains des plus mauvais jours.

Les salles enfumées des nombreux clubs installés sous prétexte de patriotisme, semblaient trop petites pour contenir la foule qui en assiégeait l'entrée.

Au milieu de cette grande ville en rumeur, un homme, le seul peut-être, se promenait calme et insouciant, les deux mains dans ses poches, le nez au vent, l'œil en quête d'incidents comiques.

Cet homme, c'était La Bussière.

Ennemi né de la Révolution, la détestant dans ses effets et dans ses causes, ne se donnant pas la peine de cacher sa haine, c'était à un miracle de la Providence que l'ex-acteur du théâtre Mareux devait de ne s'être pas vu encore incarcérer comme suspect.

Ses amis tremblaient à chaque instant de le voir arrêter. Lui, riant de tout et toujours, les rassurait à l'aide d'arguments de la nature la plus folle. Cependant, sa situation était critique sous tous les rapports.

La petite fortune à l'aide de laquelle il vivait depuis qu'il avait quitté le théâtre se trouvait anéantie par suite de la confiscation des biens de la noblesse, car le peu qu'il possédait consistait en quelques morceaux de terres jadis seigneuriaux et lui provenant des bienfaits d'un vieux gentilhomme protecteur de sa jeunesse et vivant alors à l'étranger.

Ce soir du 11 brumaire an II, La Bussière avait dîné chez l'un de ses amis, lequel, en lui apprenant le décret rendu par la Convention, décret qui ruinait complètement l'ex-Paillasse, lui avait rappelé qu'il fallait, dès le lendemain même, chercher un moyen d'existence.

« Charles, lui dit-il, te voilà sans un sou, tu es suspect, tu es exposé soit à mourir de faim et de misère, soit à être guillotiné prochainement. Il te faut donc du pain assuré et une cachette où tu deviennes introuvable.

— Tu crois ?... fit La Bussière en étouffant un bâillement, car toute conversation sérieuse lui répugnait profondément.

— J'ai trouvé ton affaire.

— Bah ! Qu'est-ce donc ?

— Une place ! »

La Bussière fit un grimace piteuse : perdre sa liberté était pour lui le plus grand des maux.

« Une place superbe ! ajouta l'ami.

— Laquelle ?

— Devine !

— Ma foi ! non, dis tout de suite.

— Eh bien ! c'est une place auprès du Comité de salut public.

— Hein ! s'écria La Bussière stupéfait. J'ai mal entendu, sans doute ?

— Non pas, mon cher. Tu sais que je suis lié

avec Carnot? C'est par lui que j'ai obtenu la disposition de cet emploi. Cela te va-t-il?

— Je demande de la réflexion, dit La Bussière en secouant la tête.

— Tu n'auras pas une minute pour réfléchir. Décide-toi! Ta vie est menacée de tous côtés. Là-bas, tu seras hors d'atteinte. Tes fonctions répondront de ton civisme; tu nargueras tes ennemis. Allons! viens ce soir et je t'installe. »

La Bussière se leva brusquement, parcourut la chambre sans mot dire, puis s'arrêtant tout à coup et se laissant tomber sur un siége, il partit d'un bruyant éclat de rire :

« Charmant! s'écria-t-il lorsqu'il put reprendre son sérieux; charmant! Je serai à même de voir le gâchis de plus près. Je vais donc me trouver au milieu des bons patriotes, en rapport constant avec l'aimable Saint-Just, le seigneur Robespierre, l'excellent Billaud... Ce sera bien le diable si je ne parviens pas à mystifier un peu tous ces gaillards qui font trembler la France.

— Donc, tu acceptes? dit vivement l'ami sans se préoccuper de combattre les singulières raisons qui paraissaient décider La Bussière.

— Permets.... j'accepte.... j'accepte.... hum? » fit l'ex-Paillasse en réfléchissant encore.

Tout à coup il prit son chapeau et sa canne, mit l'un sur sa tête, fit tournoyer l'autre dans sa main droite, et ouvrant la porte :

» Demain matin, dit-il, tu auras ma réponse. J'avais envie de rentrer au théâtre. Drame d'un côté, drame de l'autre ; fiction à droite, réalité à gauche... entre les deux je choisirai.... Au revoir. »

Et La Bussière s'élança au dehors.

Une fois dans la rue, il oublia, suivant sa coutume, la situation critique dans laquelle il se trouvait et, ainsi que nous l'avons dit, il enfonça ses mains dans ses poches, garda sa canne sous son bras, et, l'œil éveillé, le sourire aux lèvres, il se mêla à toute cette foule inquiète, agitée, remuante ou terrifiée avec laquelle il formait le contraste le plus parfait.

L'ami de La Bussière demeurait rue Saint-Jacques ; La Bussière, errant à l'aventure, se dirigea vers la place Saint-Michel, où il arriva sans se douter du lieu où l'avaient conduit ses pas.

Un cabaret qu'il aperçut en face de lui le remit en mémoire.

En effet, quelques années plus tôt ce cabaret avait été témoin de l'une des nombreuses et périlleuses folies de La Bussière.

Il venait de dîner joyeusement avec quelques amis (c'était en 1788).

Un joli crû de Bourgogne que possédait le cabaertier avait mis les convives en joyeuse humeur de rire et de s'amuser.

Le repas terminé, la carte soldée, tous descendirent en chantant l'étroit escalier conduisant du salon du premier étage à la rue, désireux de courir la ville pour continuer à s'égayer.

Il faisait beau temps lorsque La Bussière et ses amis étaient entrés au cabaret. Lorsqu'ils en sortirent, il pleuvait à verse, et ces messieurs, vêtus coquettement, ne l'étaient nullement de manière à braver l'orage qui éclatait.

On envoya les garçons en quête de fiacres ? Impossible d'en ramener un, et force fut aux jeunes gens d'attendre impatiemment sous le porche d'une maison voisine.

La Bussière surtout maugréait avec un entrain qui provoquait la gaîté des autres.

« Un fiacre, un carrosse, une chaise!... criait-il. Le premier véhicule qui passe, je m'en empare de gré ou de force.

— Eh bien ! prends celui qui arrive ! » répondit en riant l'un des amis de l'acteur et en désignant du geste une chaise à porteurs ou vinaigrette qui descendait la rue d'Enfer.

Cette chaise, traînée par un vigoureux valet et suivie par un autre, indiquait par sa peinture et le luxe de son ornementation qu'elle appartenait à quelque riche particulier. Une tête jeune et bien poudrée apparaissait à travers la glace relevée, et jurait quelque peu avec le véhicule aux allures respectables, car dès cette époque les chaises à porteurs, les brouettes, les vinaigrettes ne servaient guère plus qu'aux douairières.

Cependant la personne qui occupait la chaise désignée par l'ami de La Bussière n'était autre qu'un jeune mousquetaire du roi et se nommait le comte d'Aussonne. Le comte avait dîné chez l'une de ses grand'tantes et celle-ci, en voyant la pluie tomber à flots, avait contraint son beau neveu à accepter son antique véhicule pour se faire conduire ou plutôt porter jusqu'au palais du Luxembourg.

« C'est mon affaire ! s'écria La Bussière en voyant la chaise se diriger de son côté.

— Mais cette chaise est occupée ! fit observer un de ses compagnons.

— Qu'importe !

— On ne te la cédera pas, dit un autre.

— C'est ce que nous allons voir.

—C'est tout vu ! Allons, La Bussière, fais comme nous, attends !

— Je parie deux louis que je me fais porter là-dedans jusque chez-moi ! dit l'acteur dont la tête toujours folle était ce jour-là surexcitée encore par les libations qui venaient d'être accomplies au cabaret.

— Tenu le pari ! » répondirent en riant les amis de La Bussière, lesquels, tout aussi peu raisonnables que lui et tous plus ou moins mis en goguette, ne songèrent pas un seul instant à s'opposer à l'impertinent dessein du jeune homme.

La chaise passait devant la maison où s'abritait la troupe joyeuse. La Bussière était ce jour-là en grande toilette et avait fort bon air.

Sur le geste impératif de grand seigneur qu'il adressa au porteur, celui-ci croyant avoir affaire à l'un des amis de son maître, s'arrêta aussitôt dans sa marche.

La Bussière mit poliment le chapeau à la main.

« Monsieur, dit-il en s'adressant au comte, tel que vous me voyez je viens de faire un pari qu'il faut absolument que je gagne...»

M. d'Aussonne surpris, regarda La Bussière sans répondre.

« Oui, monsieur continua celui-ci avec un imperturbable sang-froid; j'ai parié avec ces messieurs, des amis avec lesquels je viens de dîner joyeusement (et du geste il indiquait la bande demeurée spectatrice), j'ai parié, dis-je, que je m'emparerais de gré ou de force du premier véhicule qui me tomberait sous la main. La pluie qui me mouille en ce moment explique suffisamment mon désir... Or, votre chaise arrive juste à point nommé pour me servir, et vous êtes sans nul doute trop aimable pour ne pas vous empresser de me venir en aide. »

Le comte d'Aussonne ouvrit démesurément les yeux et partit d'un violent éclat de rire. La Bussière attendit tranquillement.

« Eh bien ? fit-il après que le gentilhomme eut repris son sérieux.

— Eh bien ! répondit le gentilhomme, dans toute autre circonstance, je me prêterais peut-être à la plaisanterie; mais, en ce moment, il pleut à verse, et, à parler franc, si quelqu'un doit être mouillé, je préfère de beaucoup que ce quelqu'un-là soit vous plutôt que moi.

— C'est votre dernier mot ? dit la Bussière.

— L'avant-dernier, monsieur, fit le comte, légèrement choqué du ton provocateur que venait de prendre le hardi personnage.

— Vous plairait-il de formuler le dernier, alors?

— Volontiers. Le voici: j'ai trouvé votre demande plaisante; je trouverais toute insistance de mauvais goût. »

La Bussière se mordit les lèvres.

« Alors? dit-il.

— Alors, poursuivit le comte, Picard va continuer son chemin. »

Et il fit signe au valet de reprendre sa marche.

« Un pas en avant, drôle! et je te coupe le visage! s'écria La Bussière en menaçant le laquais de la canne légère qu'il tenait à la main.

— A la fin, que veut dire ceci? fit M. d'Aussonne en pâlissant de colère et en ouvrant précipitamment la portière de la chaise.

— Cela veut dire, reprit La Bussière avec un imperturbable sang-froid, qu'il faut absolument que je gagne mon pari, et que cette chaise dans laquelle vous êtes me reconduise à mon domicile.

— La Bussière, prends garde!... dirent les amis de l'acteur en essayant de s'interposer.

— Cet homme est certainement fou! murmura le comte.

— Fou ou raisonnable, vous me céderez votre véhicule ! articula nettement l'entêté provocateur tout en repoussant ses compagnons.

— Mais une insistance plus grande serait une insulte ! s'écria M. d'Aussonne avec une impatience de plus en plus vive et en sautant au beau milieu de la rue en dépit de la pluie qui tombait toujours à flots.

— Voulez-vous, oui ou non, me céder votre chaise ?

— Non, mille fois non ! et allez à tous les diables !

— Alors prenez la chose comme il vous plaira.

— Morbleu ! fit le comte en portant la main droite à la garde de son épée, êtes vous gentilhomme, au moins ?

— Tout autant qu'il faut pour croiser votre fer ! riposta vivement La Bussière en mettant flamberge au vent.

— Peste soit du fâcheux ! murmura M. d'Aussonne avec colère. Tant pis pour lui si je le tue ! »

Et en pleine rue de Vaugirard, en plein jour, par un temps abominable, les deux adversaires tombèrent résolûment en garde.

II

Une dangereuse mystification.

Les amis qui avaient voulu s'interposer avaient été brusquement repoussés avec perte ; les boutiquiers, attirés par le bruit de la dispute, étaient tous sur le seuil de leur magasin. Aux fenêtres, de nombreux spectateurs se pressaient pour assister à l'événement. Toute une population de curieux faisait cercle ; mais comme alors et en dépit des approches de la Révolution, la qualité de gentilhomme était encore fort respectée du peuple, personne n'osa se mêler de la querelle du comte d'Aussonne et de La Bussière.

— Faisons vite! dit le comte; avant cinq minutes la police sera sur notre dos.

— A vos ordres, » répondit La Bussière.

Les armes se heurtèrent : le combat fut court. L'acteur savait convenablement manier l'épée, mais son adversaire était de première force à l'escrime. Le fer du comte atteignit La Bussière un peu au-dessous de la hanche droite. Le sang jaillit M. d'Aussonne releva vivement son épée.

« J'en tiens! fit La Bussière en se soutenant contre la chaise à porteurs près de laquelle il était.

— Vous sentez-vous blessé dangereusement? dit le comte avec une vive inquiétude et en se précipitant vers celui auquel il venait de donner une si bonne leçon de savoir-vivre.

— Dangereusement, je ne le crois pas, mais il m'est impossible de faire un pas... je ne puis me soutenir sur ma jambe. »

Et en effet, La Bussière tenta un mouvement et faillit tomber. Le comte et quelques assistants le soutinrent. M. d'Aussonne fit signe à un de ses valets.

« Prenez ma chaise ! dit-il vivement, je vais vous accompagner jusqu'à chez vous.

— Inutile, monsieur, répondit La Bussière, la chaise me suffira, et je ne saurais souffrir que pour moi vous vous dérangeassiez de vos affaires. »

Le comte présida lui-même à l'installation du blessé dans le véhécule et transmit au porteur l'adresse donnée par La Bussière.

« La ! fit celui-ci avec un accent de triomphe et en s'accommodant sur les coussins soyeux, je savais bien que je gagnerais mon pari. C'est deux louis que vous me devez ! » ajouta-t-il en s'adressant à ses amis.

L'obstination est-elle une vertu ? Nous n'osons l'affirmer ; mais si ce sentiment avait droit à ce titre, il faut avouer que La Bussière était, à cet égard, le plus vertueux des hommes.

M. d'Aussonne prit la chose comme elle méritait d'être prise, et l'aventure se termina comme elle avait commencé, par un éclat de rire : La Bussière avait trouvé moyen de se faire donner un coup d'épée entre deux plaisanteries ; seulement cette folie lui concilia l'amitié du gentilhomme.

Le comte était trop brave pour ne pas estimer la témérité partout où il la rencontrait, et durant les années qui suivirent, il donna de nombreux témoignages d'affection à son ancien adversaire. L'émigration et la tempête révolutionnaire vinrent bientôt malheureusement séparer les deux amis.

C'était le souvenir de cette aventure demi-comique et demi-tragique qui s'était présenté à la mémoire du promeneur en arrivant sur le lieu même où elle avait eu lieu.

« Pauvre comte!... murmura La Bussière en étouffant un soupir. Où est-il maintenant, et que fait-il au milieu de ce bouleversement général? Ah! le beau temps est passé aujourd'hui!... on ne va plus au cabaret, on va au club! Jolie invention!... distraction charmante!... Que Dieu confonde tous les sans-culottes? Et dire que personne n'ose se moquer en face de tous ces brigands-là On a peur de tous ces infâmes scélérats sans foi ni loi, sans conviction politique, sans le moindre sentiment humain. Des lâches qui se baignent à Paris dans le sang de leurs concitoyens, tandis que les braves combattent à la frontière? Comment! on a peur de pareils êtres?... Voilà qui est trop fort! continua La Bussière en se montant progressivement la tête, ainsi que cela était sa coutume. Quoi! dans l'histoire on ne racontera pas qu'il s'est trouvé un homme pour mystifier un peu ces misérables! Mais ce serait honteux pour notre génération. Non! non! cela ne sera pas! Il y a un homme qui rira des sans-culottes, à leur nez et à leur barbe, qui se moquera d'eux, qui les traitera d'imbéciles, et cet homme, morbleu! ce sera moi! et tout de suite encore! »

Et comme chez l'étrange personnage l'action suivait toujours immédiatement la pensée, le voilà qui, sans plus réfléchir, cherche dans sa tête où pouvait se trouver le club le plus voisin et le plus fréquenté.

« J'ai mon affaire! s'écria-t-il après un moment de silence; club du Finistère, le plus féroce de la section du faubourg Saint-Marceau. En avant! je rirai à mon aise. »

Le club du Finistère, ou plutôt, suivant l'expression du temps, la section du Finistère ressemblait plus à l'une de ces peintures de l'enfer, comme la plume du Dante a su si énergiquement les tracer, qu'à une assemblée de simples humains.

Que l'on se figure trois ou quatre cents personnes entassées dans une petite pièce pouvant en contenir à peine cent cinquante; de ces hommes en haillons, coiffés du bonnet phyrgien; de ces hideuses créatures auxquelles on n'ose pas assigner un rang dans la famille des mammifères, et qui, le jour, emplissent les tribunes de la Convention, sous le nom bien connu de « tricoteuses; » des mendiants, des voleurs bravant la police, des dénonciateurs ; puis, çà et là, quelques bourgeois timorés, que la crainte de la loi des suspects fait chaque soir assister à la séance du club ; tout cela criant, rugissant sans trop savoir à quel propos, voulant tous parler à la fois, et faisant enfin un charivari effroyable qu'un président en carmagnole essaye en vain de calmer à l'aide de sa sonnette.

Tout à coup la foule s'écarte sous la puissance d'un bras nerveux, une trouée se fait, et un jeune homme, mis d'une façon très-originale, mais dont la condition paraît bien supérieure à celle de ceux qui l'entourent, arrive au pied de la tribune, gravit lestement le tortueux marche-pied, bouscule deux ou trois orateurs qui occupaient la barre, et d'une voix dominant la tempête :

« Je demande la parole, crie-t-il à tue-tête en gesticulant avec une vivacité telle, qu'il semble une mécanique mise en mouvement. Je demande la parole pour faire une motion de la dernière importance, une motion qui intéresse la liberté publique et la liberté privée, une motion étonnante, une motion stupéfiante, une motion incroyable, et dont le besoin se fait absolument et généralement sentir ; enfin, une motion comme on n'en a jamais faite dans cette honorable assemblée. »

Cet homme qui vient d'entrer comme une trombe, cet orateur qui vient de s'emparer de vive force de la tribune, c'est La Bussière mettant en œuvre la nouvelle folie qu'il a rêvée.

« Silence! silence! » crie-t-on de toutes parts.

Et tous les regards se portent sur la tribune.

La Bussière enfonce la main gauche dans l'ouverture de son gilet, fait un geste arrondi à l'aide du bras droit élevé avec grâce, et salue les auditeurs.

« Citoyens! reprend-il d'une voix encore plus haute et en redoublant d'énergie dans sa gesticulation rapide, Citoyens! mon cœur est profondément ému! Citoyens! ma tête est pleine! Citoyens! l'indignation la plus vive fait bondir le sang dans mes artères de patriote. Un fait inouï, incroyable, intolérable existe en ce moment même! Ce fait menace de faire la honte de l'honorable assistance! Ce fait que personne ne connaît encore, il n'appartient qu'à moi de le révéler! Citoyens! c'est ce que je vais faire!

Ici La Bussière fit une pause. Il toussa, il éternua, prit son mouchoir, s'essuya le front et se livra enfin à toutes ces coquetteries d'orateur comique qu'il avait si souvent pratiquées au théâtre Mareux.

La foule, plus attentive que jamais, faisait un profond silence troublé seulement d'instant en instants par des chut! chut! au moindre murmure parti d'un point quelconque de l'auditoire.

« Citoyens ! hurla tout à coup La Bussière en se précipitant en avant comme si du haut de la tribune, il eût voulu piquer une tête ; citoyens ! vous voyez tous ce qu'il y a d'écrit sur ce mur ! »

Et du geste il désigna la muraille sur laquelle se détachait en énormes aractères noirs la fameuse légende républicaine : LIBERTÉ ÉGALITÉ ! OU LA MORT.

« Citoyens ! continua l'orateur, vous voyez, vous lisez, vous admirez ces mots solennels et vous en comprenez toute la valeur. Vous savez ce que c'est que la liberté ! vous savez ce que c'est que l'égalité, et vos patriotiques législateurs ont ajouté « ou la mort, » afin de bien graver dans vos cœurs à tous, l'amour de cette liberté et de cette égalité sans lesquelles la République serait en danger, la patrie, à l'agonie et tous les bons sans-culottes aux galères, ce qui serait vraiment dommage, car ils font tous le plus bel ornement de notre époque !

— Bravo ! bravo ! fit la foule sans comprendre la portée ironique de la phrase à laquelle elle applaudissait.

— Eh bien, citoyens ! braves sans-culottes ! enfants de la section du Finistère ! cette devise, symbole de notre force, clef de voûte de l'édifice républicain, cette devise si belle et si pure a été ternie ! (*Murmures.*) Que dis-je ? Elle l'est encore ! (*Émotion générale*) oui, citoyens ! (*Ici l'orateur pose avec violence la main droite sur le côté droit de sa poitrine*). La liberté, l'égalité ont été violées. Et savez-vous par qui ? (*Chut ! chut !*) Savez-vous en quel lieu ! Savez-vous quand et comment a été accompli ce sacrilége ? (*Attention générale.*) Je vais vous le dire ! (*Écoutez ! écoutez !*) Les criminels, les ennemis de la nation sont des hommes qui ne rougissent pas de souiller les rangs des meilleurs sans-culottes en s'y glissant comme l'ivraie se glisse dans le bon grain ! ce sont de ces faux patriotes, enfants hypocrites toujours prêts à déchirer le sein de leur mère ! (*Rumeurs sourdes, mais approbatives.*) Ce sont enfin des gens que vous coudoyez tous les jours. (*Rumeurs violentes ; chacun regarde son voisin.*) Ceux-là je vais les désigner ici même et sur l'heure, car ils sont dans cette enceinte qui me regardent et qui m'écoutent ! (*Tumulte ; cris : Parlez ! parlez ! nommez-les ! mort aux traîtrse !*) Ceux-là, continua La Bussière en redoublant d'ardeur et de gestes, ceux-là je les vois, je les distingue, je les touche presque..., ceux-là pâlissent à cette heure et voudraient rentrer sous terre, mais la terre ne s'entr'ouvrira pas, elle ne se souillera pas à leur contact... Ceux-là, ces brigands, ces scélérats.... les voici!... Regardez-les!... Je vais leur lancer cette sonnette à la tête!...»

Et La Bussière levant vivement le bras, agita la sonnette menaçante qu'il venait de prendre sur le bureau du président.

Or cette sonnette, par sa forme et son poids, ressemblait à s'y méprendre à une cloche des moins légères. Par un mouvement machinal, tous les assistants baissèrent la tête et courbèrent le dos.

« Ah! fit l'orateur en promenant sur l'assemblée un regard triomphant et en parodiant le mot fameux d'un célèbre et peu canonique prédicateur, ah! citoyens! pas un seul d'entre vous ne se sent donc pur et à l'abri de tout reproche? Vous avouez donc tous être des brigands et des scélérats? »

Un formidable hourra éclata de toutes parts. Les sans-culottes venaient enfin de comprendre qu'ils avaient été le jouet d'une audacieuse mystification.

La foule rugissante se précipita vers la tribune du haut de laquelle l'orateur riait à gorge déployée.

« A mort l'aristocrate! A la lanterne l'orateur! » vociférèrent les clubistes.

En quelques secondes la tribune est escaladée. La Bussière est menacé de toutes parts, il va être assommé, déchiré ; mais, prenant son temps, il renverse d'un double et vigoureux coup de poing les deux sans-culottes qui le pressent de plus près. Il s'élance à pieds joints par-dessus le banc de la tribune, tombe au milieu de la foule, se glisse à quatre pattes, se redresse, distribue encore quelques horions, gagne la sortie en laissant aux mains de ses auditeurs furieux des lambeaux de sa toilette et se sauve enfin en riant toujours, mais sans avoir reçu la moindre égratignure.

C'était, comme bien on le pense, un jeu terrible que venait de jouer là La Bussière en se moquant ainsi au milieu d'un des faubourgs les plus animés de Paris, dans l'un des clubs au renom le plus tristement célèbre, de la République et des républicains.

Il s'était sauvé, c'est vrai, mais quelques-uns l'avaient reconnu et son nom avait été prononcé. C'était la mort pour le lendemain, il n'y avait pas à douter, il n'y avait donc plus à hésiter. Le lendemain matin La Bussière allait trouver l'ami avec lequel il avait dîné la veille et lui annonçait qu'il acceptait la proposition faite de le placer auprès du Comité de salut public.

Le soir même il était installé aux Tuileries à la division de la correspondance, bureau où arrivaient toutes les dénonciations des départements.

Pendant quelques jours, il fit son service avec activité, mais le dégoût s'empara de son esprit. Cette lecture quotidienne d'épîtres adressées par d'infâmes misérables agit d'une manière fatale sur son imagination.

Si l'on avait eu le temps d'avoir le spleen à cette époque, certes La Bussière eût été atteint de la maladie anglaise. Son caractère changeait, son humeur, jadis si joviale, se métamorphosait; sa santé même s'alanguissait. La Bussière ne raillait plus, La Bussière ne buvait plus, ne mangeait pas. Il maigrissait, il s'étiolait, il devenait jaune et blafard.

Ses amis s'inquiétaient : surtout celui qui lui avait procuré sa place. Enfin l'espèce de maladie noire qui dévorait l'ex-fou arriva à un tel degré que n'y tenant plus, ne pouvant lutter, La Bussière résolut de donner sa démission.

L'ami de Carnot s'y opposa énergiquement ; mais tout en faisant observer à La Bussière qu'accomplir un pareil acte en pareil temps et après les mauvais rapports dirigés contre lui, était se vouer très-certainement à la guillotine, il s'efforça de satisfaire en partie ses désirs et il obtint de Carnot de faire passer son protégé au bureau des pièces accusatives.

La Bussière se vit chargé de tenir à jour les registres des détenus. L'occupation nouvelle n'était pas des plus récréatives, tant s'en faut, mais c'était un changement, il fallut s'en contenter faute de mieux.

Le bureau dans lequel travaillait La Bussière était occupé par trois autres employés, tous trois républicains féroces et ne rêvant que sang et carnage, trois terroristes enfin avec lesquels notre héros dut s'accommoder.

Aucun détenu ne passait devant le tribunal révolutionnaire sans que ses pièces accusatives ne fussent sorties du bureau où travaillait La Bussière.

Là s'entassaient les états des suspects et les notes individuelles ; là se trouvaient les listes des incar-

3

cérés, les notes du comité de salut public ; toutes ces infâmes et stupides accusations enfin qui ont jeté tant de gens honnêtes sous le couteau de la guillotine. Là étaient annexés, compulsés, recopiés numérotés, ces terribles dossiers que chaque jour envoyait quérir Fouquier-Tainville pour établir à l'avance ses sanguinaires réquisitoires.

Pas une victime ne pouvait donc être conduite au supplice sans que son nom, son acte d'accusation et les pièces qui la concernaient, ne passassent sous les yeux et par les mains de La Bussière ou de ses compagnons.

III

L'arbre de la barrière du Trône.

L'ordre n'était pas la première vertu de l'administration des bureaux du comité révolutionnaire. Un véritable chaos y régnait souvent.

« J'ai vu dans ma prison, a dit plus tard Marie-Joseph de Lespinard, et j'ai vu ensuite à la Conciergerie des malheureux qu'on appelait pour briser leurs fers... ils venaient d'être guillotinés. Un jour on apporte plus de quatre-vingts mises en liberté de personnes déclarées innocentes par le comité de sûreté générale, et il se trouve que sur ces quatre-vingts innocents le tribunal en a fait guillotiner soixante-deux ! »

Cela se comprend : Fouquier-Tainville arrivait ou envoyait à l'improviste dans le bureau de La Bussière ; il ouvrait ou faisait ouvrir les registres, fouillait au hasard parmi la masse des pièces prêtes, et s'en allait avec son butin sans se soucier si ces pièces étaient annotées ou non par le comité de Salut public. Il faisait dresser la liste des accusés dont il avait pris les actes, et il fulminait contre eux au nom du salut de la République, sans se préoccuper d'autre chose. Les malheureux étaient condamnés, exécutés, et, le lendemain, les employés s'apercevaient que l'on avait envoyé au supplice de pauvres gens qui devaient être mis en liberté ; mais Fouquier-Tainville ne tenait nul compte des obsersations faites.

Il était donc facile de faire périr des innocents ; mais il était difficile, sinon impossible, de sauver des victimes. On entrait encore assez facilement aux Tuileries, mais on n'en sortait qu'en subissant la plus minutieuse et la plus active surveillance : il était formellement interdit d'emporter le plus léger paquet, le moindre papier. On craignait des soustractions de pièces, et les employés pouvaient être fouillés au moindre soupçon par les agents du comité placés jour et nuit aux portes.

Quelques jours après son entrée dans son bureau, La Bussière rencontra un ami.

« Que fais-tu? demanda celui-ci.

— Je suis employé aux pompes funèbres; répondit La Bussière; je tiens les registres mortuaires! »

Il disait vrai; mais si cette place nouvelle le dégoûtait plus encore peut-être que l'ancienne, il s'y cramponna néanmoins dans l'espérance confuse de pouvoir rendre quelques services aux innocents, et bientôt la pensée de pouvoir être utile le remit en possession de toute son énergie et de toute son audace.

Lui, le hardi mystificateur, ne devait pas reculer devant la mystification du tribunal révolutionnaire; mais, cette fois, le prix de sa plaisanterie devait être une tête sauvée de l'échafaud.

La tâche était rude; car, ainsi que nous venons de le dire, la surveillance la plus active était organisée, et, en dehors des visites fréquentes de Fouquier-Tainville ou de ses agents, il n'y avait pas de jour où Saint-Just, Couthon, Billaud-Varennes ou Collot d'Herbois, n'entrassent inopinément dans le bureau.

La Bussière cherchait en vain dans sa tête le moyen de parvenir à son but; mais plus il cherchait et moins il trouvait. En attendant, les pièces passaient de ses mains dans celles de l'accusateur public, et la guillotine fonctionnait toujours avec la même activité.

Un jour, comme il venait de s'asseoir à son bureau et qu'il compulsait en soupirant les pièces étalées devant lui, il s'arrêta subitement dans son travail, et il lui fallut tout l'empire que les circonstances critiques l'avaient contraint à prendre sur son esprit, pour étouffer le cri prêt à jaillir de sa gorge.

En tête d'une pièce accusative il venait de lire le nom du ci-devant comte d'Aussonne, son adversaire de la rue de Vaugirard lors de l'aventure de la chaise à porteurs, et son ami depuis cette époque.

Durant le reste de la journée, La Bussière fut en proie à l'agitation la plus violente… Il n'osa quitter sa place pour aller déjeuner, et, chaque fois que la porte s'ouvrait, il croyait voir apparaître le terrible Fouquier-Tainville venant chercher ses dossiers.

Les dix heures du bureau parurent dix siècles au malheureux employé. Enfin cinq heures sonnèrent, et, par un hasard providentiel, aucun agent supérieur ne parut.

Les compagnons de La Bussière se levèrent, fermèrent leurs pupitres et partirent. La Bussière se leva à son tour, ne sachant s'il devait rester ou s'il devait s'en aller ; son irrésolution avait le caractère d'une fièvre chaude. Il rôdait autour de la pièce, s'arrêtant, reprenant sa marche, pâlissant, rougissant et ne sachant à quel parti se fixer.

Emporter le dossier était chose impossible : il était trop volumineux d'une part, et, de l'autre, les papiers fort grossiers ne se pliaient que difficilement. Laisser ces pièces dans un pupitre était les livrer à la première visite de Fouquier-Tainville, et cette visite ordinairement quotidienne n'ayant pas eu lieu ce jour, devait incontestablement avoir lieu le soir même ou au plus tard le lendemain avant l'arrivée des commis. Demeurer dans le bureau, eût été s'exposer à tous les commentaires et, par cela même, attirer l'attention sur lui et sur les papiers précieux qu'il voulait, à tout prix, dérober à l'accusateur public.

La Bussière hésitait toujours, lorsque le garçon de bureau monta : La Bussière fut contraint de s'en aller, laissant sur son pupitre le dossier du comte d'Aussonne.

A demi fou, La Bussière s'élança dans Paris, errant au hasard, ne sachant où il allait et n'ayant aucune conscience des lieux où le conduisaient ses pas. La nuit était venue, on était alors en mars et les jours n'étaient pas encore bien longs.

Au milieu de l'obscurité, il crut apercevoir une masse noire se détachant dans l'ombre. Ses pieds enfonçaient dans un terrain fangeux. La Bussière s'approcha, regarda et recula avec horreur. Il venait de reconnaître l'endroit où il se trouvait : c'était le rond-point de la barrière du Trône, il avait en face de lui la guillotine et ses pieds foulaient un sol imprégné de sang.

Dans un pareil moment, le spectacle inattendu du fatal instrument de mort lui parut du plus sinistre augure; mais, reprenant bientôt ses sens un instant éperdus, il s'arrêta dans sa course rétrograde et revint vers la guillotine.

La charpente, encore teinte de sang, s'appuyait contre un arbre. La Bussière semblait avoir médité une pensée dans sa tête. Il s'approcha de l'arbre, étreignit entre ses bras le tronc noueux et, réunissant ses forces, il s'enleva de terre et atteignit les premières branches. Une fois là, il se dressa, se soutenant à droite et à gauche aux points d'appui que lui présentaient les rameaux déjà garnis d'une verdure naissante. Il dominait complètement la fatale machine.

Durant quelques instants, il demeura immobile, l'œil fixé sur l'échafaud. Enfin, étendant la main droite :

« Au nom du Dieu de miséricorde, dit-il à voix basse, je jure sur cet instrument de mort, d'arracher au supplice autant de victimes que je pourrai le faire. Pour atteindre mon but, rien ne me fera reculer, dussé-je monter à mon tour cet escalier gravi déjà par tant de malheureux innocents!... Je jure de commencer dès aujourd'hui ma tâche et d'arracher le comte d'Aussonne au supplice qui l'attend. Comment ferai-je ? je l'ignore ; mais Dieu qui m'entend ne m'abandonnera, pas j'en suis sûr! »

En achevant ces mots, La Bussière joignit les mains en élevant ses regards vers le ciel sombre, puis, comme des larmes arrachées par l'émotion inondaient son visage, il fouilla dans sa poche et prit un mouchoir pour s'essuyer les yeux. En touchant ce tissu de toile grossière, sa main rencontra un objet résistant.

Etonné, La Bussière retira cet objet : c'était un

carton épais, taillé en forme de carré. Il se pencha pour essayer d'examiner le carton à la pâle clarté des étoiles, et à peine eut-il pu le contempler quelques instants, qu'il poussa un cri de joie.

« Oh! mon Dieu! vous m'avez entendu, s'écria-t-il, et vous êtes avec moi! »

Et, sautant à terre, il prit sa course vers les Tuileries.

Ce que La Bussière venait de trouver dans sa poche était une carte qu'il avait ramassée la veille dans le cabinet de Saint-Just. Cette carte, dont le nom était demeuré en blanc, autorisait son porteur à pénétrer dans les Tuileries à toute heure de jour et de nuit.

Le commis avait conservé précieusement ce passe-port sans songer encore à l'usage qu'il en pourrait faire; mais, en le retrouvant à cette heure et dans un semblable moment, il sentit une idée lumineuse surgir dans son cerveau.

En moins d'une heure il parcourut au pas de course la distance qui sépare la barrière du Trône des Tuileries, et, sa carte à la main, il se présenta hardiment au guichet.

« Tiens! c'est toi, citoyen? fit le portier-gardien en ouvrant la porte de sa loge.

— Oui, c'est moi! répondit La Bussière.

— Et où donc vas-tu ?

— Au bureau.

— A cette heure ?

— Oui, sans doute.

— Mais tu te trompes ! Les bureaux sont fermés et ils ne s'ouvriront que demain matin ; ainsi retourne à tes affaires....

— Celles de la République me réclament, dit La Bussière avec un aplomb merveilleux. J'ai à travailler cette nuit.

— Alors travaille chez toi !

— Non pas, il faut que je monte à mon bureau.

— Impossible. Défense est faite de laisser passer les employés à pareille heure, donc tu ne peux pas entrer.

— Même avec cette carte ? »

Le portier examina le carton : il ne savait pas lire, mais il avait une telle habitude des laisser-passer, qu'il les reconnaissait tous au premier coup d'œil.

« Diable ! fit-il, Saint-Just n'en donne pas souvent de ces cartes-là. Il faut que tu sois joliment dans les papiers du citoyen.

— C'est possible ! » dit La Bussière, et il passa.

IV

Les Tuileries en l'an II de la République une et indivisible.

Gravissant lestement un escalier dérobé pour éviter toute rencontre fâcheuse, La Bussière atteignit son bureau.

Le dossier du comte d'Aussonne était toujours à sa place. La Bussière poussa un soupir de satisfaction. La pièce était plongée dans une obscurité complète, mais l'employé en connaissait trop les êtres pour se tromper.

Une fois remis en possession de ses précieux papiers, il ressortit plus vivement encore qu'il n'était entré. Dans une pièce voisine était le bureau des pièces des exécutés. Ces espèces d'archives de la guillotine étaient sous la garde d'un seul employé qui, durant le jour, avait pour unique mission d'enfouir les dossiers les uns sur les autres, au fur et à mesure qu'ils revenaient du tribunal. Jamais on ne faisait de recherches dans ces archives. D'ailleurs, quelle recherche eût-on pu faire ? Ces pièces n'avaient plus aucune importance, puisque ceux qu'elles désignaient étaient morts.

La Bussière s'était donc imaginé de pénétrer dans ce bureau, alors qu'il n'y avait plus personne, et de jeter sous les papiers ceux qu'il voulait dérober à Fouquier-Tainville. Les pièces une fois là, signifiaient que la victime avait été sacrifiée, et l'accusateur public faisant journellement trop de besogne pour se rappeler un nom prononcé par lui, il était certain que le comte était sauvé.

Bien plus, La Bussière entrevoyait déjà toute une série de dossiers expédiés ainsi chaque nuit par ses soins, et il comptait d'avance le nombre des têtes qu'il allait pouvoir sauver.

L'employé se dirigea donc à tâtons vers la salle des archives. Ému de joie et d'espérance, il atteint la porte, pose la main sur le bouton, le tourne .... malheur, la porte était fermée à clef !...

Durant plus d'une heure, La Bussière mit tout en œuvre pour ouvrir cette porte, sans cependant laisser la moindre trace de son passage ; mais il n'y put parvenir. Désespéré, il revint dans son bureau.

Là, il se laissa tomber sur une chaise, en proie à toutes les douleurs de l'impuissance. Mais cet esprit si ardent, si fertile, ne devait pas demeurer longtemps dans une prostration complète..... Mille pensées se heurtaient dans son cerveau en délire... mille moyens, mille combinaisons impraticables surgissaient dans son imagination en travail... Peu à peu l'exaltation devint si grande, l'agitation si vive, la fièvre si violente, que La Bussière sentit le feu embraser sa tête, ses nerfs se contracter, le sang noyer sa raison, et, la poitrine haletante, l'œil hagard, il se leva, comprenant qu'il allait succomber à une congestion cérébrale....

« Emporter ces dossiers, impossible ! s'écria-t-il en essayant de reprendre un peu de calme. » Et, sans se soucier ou non d'être entendu (par bonheur il ne le fut pas) : « Je serai fouillé en sortant, car ces papiers ne peuvent être dissimulés dans mes poches !.... Les brûler ? cela ne se peut. De la fumée et du feu au mois de mai éveilleraient tous les soupçons !.... Les avaler ?.... je n'y parviendrai pas ; ce parchemin est plus dur que du bois !.... Quoi !... va-t-il donc falloir aisser guillotiner un ami dont je tiens la vie entre mes mains?.... »

En parlant ainsi il marchait rapidement. Tout à coup son pied heurta un corps dur : il faillit tomber, laissa échapper les papiers qu'il tenait, et il ressentit en même temps une vive fraîcheur à la jambe. Il se baissa, et sa main rencontra un seau à demi plein. C'était un seau d'eau qui servait à rafraîchir, le matin, le vin du déjeuner du garçon de bureau, et que, pour ne pas prendre la peine de descendre, celui-ci mettait le soir dans un coin de la pièce.

Le liquide avait jailli sur les jambes de La Bussière, et, du même coup, le dossier du comte était tombé dans l'eau.

La Bussière fut quelque temps à repêcher les pièces, les ténèbres qui l'entouraient rendant cette opération difficile, enfin il les a toutes; mais, ô bonheur! ces papiers si durs se sont amollis au contact de l'eau. La Bussière pousse un cri de joie. Une nouvelle pensée vient d'éclore dans son esprit, et, cette fois, la pensée est praticable et excellente.

Toute indisposition a subitement cessé, tout son calme lui est revenu, et, avec lui, toute sa présence d'esprit, toute son audace et toute son ardente gaieté. Il plonge les pièces dans l'eau, les re-

LES MYSTIFICATEURS. 55

tire, les presse, les replonge, les triture, les tord, les tourne en tous sens. Le parchemin devient malléable, il s'amollit encore, il se réduit, il diminue de volume.

La Bussière en forme une infinité de petites boules ; il glisse les unes dans son chapeau, les autres dans ses souliers ; il en met dans ses poches, sous sa chemise, dans ses jarretières, partout enfin.

L'opération terminée, il se redresse, marche lentement dans la pièce, et attend, pour donner le temps à son visage de se calmer, à ses traits de se détendre, à son regard d'être moins fiévreux ; puis, d'un pas ferme, il descend le grand escalier.

Dire que le cœur ne lui battait pas en se présentant au guichet, serait commettre un mensonge insigne ; mais il se roidit, et, montrant une seconde fois sa carte au portier, il s'élança dans la rue.

Un énorme soupir de joie et de contentement, une exclamation d'allégresse, un cri de soulagement, s'échappèrent de sa gorge aride, et il se mit à marcher très-vite pour combattre l'agitation qui s'était emparée de lui.

« Il est deux heures du matin, se dit-il en regardant sa montre, la nuit sera bientôt passée, et, ma foi, j'ai grand besoin de prendre l'air. »

Rentrer chez lui eût été, en effet, commettre

une grave et inutile imprudence à une époque où la moindre démarche paraissait un crime. Ne rentrer qu'au jour, au contraire, laissait facilement supposer une bonne fortune, et déroutait par conséquent les soupçons.

Errant au hasard, le hasard conduisit cette fois encore notre héros à la barrière du Trône. Il crut voir dans cet incident un effet de la Providence, et il s'approcha de l'arbre qui lui avait déjà servi de piédestal pour dominer la guillotine, et faire le serment dont il venait d'accomplir la première partie.

Fatigué, il grimpa encore après le marronnier et s'assit au milieu des branches. Faisant sortir de leurs cachettes toutes ses boules de papier, il se mit à les déchiqueter en morceaux impalpables.

Les heures heureuses passent vite. La Bussière atteignit ainsi cinq heures du matin. Descendant alors de son lieu de refuge, il reprit le chemin de son logis, éparpillant sur sa route tous les menus fragments du dossier.

Le comte d'Aussonne était sauvé. Mystifiés, les terroristes!

A partir de cette nuit, La Bussière continua son œuvre. Le jour il travaillait à son bureau ; la nuit venue il y retournait, se donnant ainsi la réputation d'un féroce travailleur ; puis, après avoir détrempé dans l'eau les papiers de ceux qu'il voulait sauver, il en faisait des boules, les distribuait sur toute sa personne, s'en allait à la barrière du Trône, passait quelques heures sur son arbre et s'en revenait au matin, disséminant toujours sur sa route les précieux morceaux de papier.

« En avant! en avant! » se disait-il chaque soir en se frottant les mains.

Deux mois après, La Bussière avait arraché à la mort plus de cinq cents victimes, lorsqu'une circonstance terrible faillit le pousser dans l'abîme que cotoyait son audace et que sa générosité et son courage avaient ouvert sous ses pas.

Le 9 messidor, La Bussière était à son bureau, rangeant ses pièces et préparant ses registres, lorsque la lettre suivante se présenta à ses yeux :

Paris, 9 messidor an II de la République française une et indivisible.

LIBERTÉ, ÉGALITÉ, FRATERNITÉ.

Collot-d'Herbois, membre du Comité de salut public, au citoyen Fouquier-Tainville, accusateur public près le tribunal révolutionnaire.

« Citoyen,

» Le Comité t'envoie les pièces concernant les

ci-devant comédiens français ; tu sais, ainsi que tous les patriotes, combien ces gens-là sont contre-révolutionnaires; tu les mettras en jugement le 13 thermidor prochain. Peut-être y en a-t-il quelques-uns qui ne méritent que la déportation, mais juge toujours ceux-ci, et nous verrons ensuite ce qu'il faudra faire du reste.

« Signé : Collot-d'Herbois. »

Suivaient six dossiers concernant les principaux acteurs : c'étaient ceux de messieurs Dazincourt, Fleury, mesdames Louise Contat, Emilie Contat, Raucourt et Lange.

D'après la coutume de la commission, chacun des dossiers envoyés à l'accusateur portait en marge et en encre rouge une lettre fatale, indication convenue avec la justice du docile tribunal : un grand G (guillotine), c'était la mort ; un D, la déportation, et un R ordonnait le renvoi, c'est-à-dire l'acquittement. Or, les six pièces ci-dessus portaient toutes un grand G : c'était donc l'échafaud sans rémission.

« Dazincourt ! Fleury ! s'écria La Bussière en achevant sa lecture, des amis ! de vieux camarades ! Contat, Raucourt et Lange, si fraîches, si jeunes, si jolies, si gracieuses, si pleines de talent et d'avenir!... Les envoyer à la guillotine! non pas! morbleu! non pas!... Citoyen Collot, tu as compté sans La Bussière!... J'ai assez sauvé de grands seigneurs, de gentilshommes et de bourgeois de toutes sortes pour songer un peu aux artistes, mes confrères!... Au tiroir tout cela, et la lettre avec ! »

La Bussière termina tranquillement sa journée, dîna vigoureusement pour se donner des forces et attendit l'heure favorable pour exécuter son vertueux larcin. A minuit il se rend aux Tuileries, pénètre jusqu'au lieu des séances du Comité, et, comme il le faisait chaque soir, arrivé au pavillon de Flore, il rétrograde, monte au deuxième étage et se trouve dans son bureau. Sans tarder une minute, il ouvre son tiroir, saisit les dossiers de la Comédie-Française et quelques autres qu'il y avait ajoutés, parmi lesquels se trouvait celui de M. de Florian, les trempe dans son seau, et les réduit en boules. Il allait ressortir lorsque, par hasard, il passe la main sur sa table et y rencontre une dépêche cachetée. Il s'approche de la fenêtre, vivement excité par la curiosité, et, à la clarté douteuse de la lune, il lit sur l'enveloppe : « Affaires des ci-devant comédiens français. »

Qu'est-ce que cela pouvait être ? Il croyait avoir

détruit tous les papiers concernant les artistes !... »
Cette lettre avait dû être apportée bien tard, puisqu'en quittant son travail, il ne l'avait pas reçue !...
Bref, sans s'inquiéter davantage, mais ne voulant pas détruire des pièces dont il n'avait pas pris connaissance, il introduit la dépêche dans la poche de côté de son habit, se réservant de la lire le lendemain, et pensant que, vu le peu de volume, il pouvait la passer sans crainte... Sur ce.... La Bussière prend son chapeau, et, fredonnant un air patriotique, il s'engage lestement dans les corridors.

Ici nous nous voyons forcé de donner à nos lecteurs une idée topographique de l'endroit du palais que parcourt notre héros. Un magnifique escalier se terminant par un vaste vestibule, conduisait du Comité de salut public aux bureaux de La Bussière. Ce vestibule était une espèce de salle d'attente d'où l'on montait ensuite à la division de la police générale, par un petit escalier dans la cage duquel et au bas des dernières marches, était scellé un grand coffre vide l'été, mais plein, l'hiver, de bois scié pour le service.

La Bussière avait légèrement franchi ce petit escalier, et se trouvant dans le vestibule en question, il s'orientait pour prendre son chemin au mi-

LES MYSTIFICATEURS.   59

lieu de l'obscurité, lorsqu'un léger bruit se fait entendre.... Il s'arrête, prête l'oreille et croyant s'être trompé, continue son chemin, quand le timbre d'une voix bien connue résonne à l'étage inférieur!... C'est la voix de Saint-Just, discutant avec trois autres personnes....

La Bussière s'arrête de nouveau.... écoute et comprend avec effroi que Collot-d'Herbois, Saint-Just, Fouquier-Tainville et un quatrième individu dont l'accent lui est inconnu, gravissent le grand escalier et montent vers lui... Sans perdre un instant, il se jette en arrière et d'un bond s'élance sur le petit escalier qu'il vient de franchir.... mais, autre malheur!... un homme descend par là!..

Convaincu que c'était lui que l'on voulait cerner, notre héros va se décider à tenter un coup hardi, ou à se livrer lui-même, lorsque la pensée qu'il risquerait avec la sienne la vie de douze autres personnes, l'arrête dans sa nouvelle détermination. En ce moment il était sur la seconde marche, la main appuyée sur le coffre à bois.... sans réfléchir davantage, il ouvre le couvercle et se précipite dans l'intérieur, non sans faire tomber l'une sur l'autre deux ou trois bûches qui y étaient restées.

V

Le Conciliabule.

« Voilà notre ami qui ébranle le petit l'escalier jusque dans ses fondements, dit à ce bruit la voix du quatrième compagnon de Saint-Just, voix que La Bussière ne put reconnaître ou appliquer à un visage de connaissance, quoiqu'il eût toutes les intonations de ces messieurs dans la tête.

— Il est lourd comme son éloquence ! » répliqua en riant Collot-d'Herbois, qui mettait alors le pied dans la salle d'attente.

Bientôt la personne attendue atteignit le bas du

petit escalier en frôlant la caisse où se trouvait caché le malheureux employé, et se réunit aux quatre autres.

Sans doute ces messieurs, les premiers entre les élus du jour, avaient pris rendez-vous à pareille heure et dans ce vestibule pour ne pas être dérangés ni entendus, ou pour échapper à ceux de leurs collègues qui n'étaient pas initiés aux véritables secrets de l'État.

Ils se tinrent d'abord au centre de la salle, ce qui ne permettait pas à La Bussière d'entendre leur conversation; cependant, à quelques sons qu'il parvint à surprendre, il put se convaincre que la voix du dernier arrivant lui était aussi inconnue que celle du quatrième compagnon de Saint-Just. Circonstance singulière et qui aiguillonna vivement sa curiosité. Bientôt ce dernier, frappant du pied, parut se détacher du groupe et se rapprocher de la caisse en exclamant avec dédain :

« Oh ! les hommes ! les hommes !... »

Quelques mots inintiligibles prononcés à voix basse lui furent répondus, mais le misanthrope républicain vint sans répliquer s'asseoir sur le coffre au bois, poste dans lequel il fut rejoint par Saint-Just, qui s'y appuya également.

La Bussière ne devait pas perdre un mot de l'entretien, car les autres se rangèrent en demi-cercle, soit debout, soit assis sur les derniers degrés de l'escalier ; malheureusement le couvercle, légèrement entr'ouvert d'abord, se trouva hermétiquement fermé par l'effet du poids des deux hommes assis dessus, de sorte que le prisonnier, bientôt privé d'air vital, se vit contraint de supporter ce supplice qui menaçait, pour peu qu'il se prolongeât, de le priver de tous sentiments d'abord, et de l'existence ensuite. Mais, réunisssant toutes ses forces, il put comprendre une partie des terribles paroles qui se disaient à côté de lui.

« Tous ces raisonnements sont mauvais ! s'écria Saint-Just après quelques minutes de silence Cela ne mène à rien ! Temporisations misérables !... Après avoir bien cherché, bien tourné autour de mille mesures, il faudra toujours en revenir au grand système du salut public !...

— Il n'est personne ici qui ne soit de cet avis, interrompit Collot-d'Herbois.

— Je n'en suis pas, moi ! accentua énergiquement l'une des voix inconnues, celle du dernier arrivé.

— C'est un tort ! répliqua vivement Saint-Just. Il faut que dans deux mois, au plus tard, les patriotes n'aient plus un ennemi, un seul, dans l'intérieur ! »

Ici, Fouquier-Tainville prit à son tour la parole, mais la chaleur, le manque d'air asphyxiaient à tel point le malheureux La Bussière, qu'il perdit l'usage de ses sens et tomba en syncope.... Cependant il revint à lui, peu à peu, car dans l'animation et dans le feu de la discussion, Saint-Just et son voisin s'étaient levés, et le couvercle s'entr'ouvrant légèrement par l'effet du bois mal joint, avait permis à l'air de pénétrer dans l'intérieur. Sans pouvoir apprécier le temps de son évanouissement, La Bussière comprit qu'il avait été long, car on semblait à la fin de l'entretien, c'était Collot-d'Herbois qui parlait :

« Nous ne serons donc tranquilles, disait-il, que lorsque la terre couvrira tous les royalistes.

— Bravo ! firent les autres.

— Eh ! réfléchissez donc, continua la voix inconnue qui paraissait toujours opposante. Comprenez-vous bien ce que vous demandez?... C'est la foudre !...

— Et la foudre sans paratonnerre ! répondit en riant une seconde voix.

— Ils n'oseront ! répliqua dédaigneusement Collot-d'Herbois.

— Croient-ils donc faire de leur place de représentant un canonicat? dit Saint-Just avec véhémence.

— Vous finirez par effrayer les regards du peuple, reprit en insistant la première voix. Vous êtes trop dévots au patriotisme, messieurs!

— Des dévots et des craintifs !... Terreur et obéissance!... Voilà la machine montée! s'écria Fouquier-Tainville.

— Fort bien! fort bien! répliqua la voix. Mais prenez garde, l'excès de dévotion fit les miracles du diacre Pâris, on dira que le patriotisme a aussi ses convulsionnaires!... Rien n'est perdu.... laissons agir les tribunaux et la commission.... au moins c'est une marche méthodique. »

Ces dernières paroles n'arrivèrent qu'imparfaitement aux oreilles de La Bussière, car le conciliabule avait lieu alors sur les premières marches du grand escalier, et il comprit à l'éloignement progressif des voix que les interlocuteurs descendaient ensemble.

Ce qui l'avait surtout frappé, c'est que pendant tout le temps que dura l'entretien aucun des discoureurs ne s'était servi une seule fois des appellations patriotiques du jour, et s'était abstenu du tutoiement républicain. Ils s'étaient constamment appelés « messieurs » et s'étaient dit « vous. » Les dernières paroles de la voix inconnue lui trottaient vivement par la tête.

« Qu'est-ce que cela signifie ! pensait-il toujours accroupi au fond de son coffre à bois qui avait failli devenir son tombeau. «Laissons agir les tribunaux » et les commissions.... au moins c'est une marche » méthodique ! » Il s'agissait donc d'un nouveau plan de destruction, d'une horrible et nouvelle machination combattue par cet homme que je n'ai pu reconnaître. Ah ! pourquoi me suis-je évanoui comme une femme ?... Morbleu !... les infâmes !... C'est égal ! continua-t-il en ouvrant le couvercle et en examinant s'il était bien seul, c'est égal ! je l'ai échappé belle !... »

Et s'élançant au dehors de sa cachette, il s'avança dans le grand vestibule, mais sa tête était lourde, ses membres avaient perdu leur élasticité.... Alors il marcha doucement en s'appuyant le long des murs, et après quelques minutes de cet exercice salutaire, il sentit sa respiration plus libre, la circulation se rétablit et il s'élança vers la grande porte de la cour, car il était pressé de quitter le redoutable voisinage du terrible Comité.... Mais arrivé au bas du grand escalier, la sentinelle lui barra le passage sous prétexte qu'il était trop tard et le renvoya au couloir du Comité de sûreté générale. Heureusement il trouva de ce côté plus de facilité, et sa carte d'employé le tira d'affaire. Enfin il se trouva dehors!...

Suivant sa coutume ordinaire, il gagna les boulevards pour se rendre à la barrière du Trône; mais l'émotion qu'il venait d'éprouver avait brisé ses membres et, fatigué, il alla s'asseoir sur les marches du café Hardy. Il était là, pensif, la tête dans ses mains, songeant aux dangers qu'il venait d'éviter et à ceux qu'il devait courir encore, car cet homme admirable ne regarda jamais comme possible d'abandonner sa tâche sublime, lorsqu'il se sentit frapper rudement sur l'épaule, et une voix fortement accentuée lui cria aux oreilles :

« Où vas-tu? D'où viens-tu? »

La Bussière se leva d'un bond, et se trouva en face d'un homme de haute taille et revêtu du costume d'officier de la garde nationale. Cet homme, qu'il ne connaissait pas, était un patriote de bas étage, membre zélé du comité révolutionnaire de la section Lepelletier. Voyant la surprise embarrassée de La Bussière, il renouvela sa question avec plus de force :

« Où vas-tu, citoyen? »

Mais notre héros, qui n'avait jamais reculé devant le péril, n'avait pas peur d'un homme: aussi fût-ce presque en lui riant aux nez, suivant son habitude, qu'il répondit :

« Je me promène !

— Vieille plaisanterie ! fit l'autre; tu te promènes assis.

— Quand on s'est promené, il faut bien s'asseoir.

— Un bon citoyen ne se trouve pas dans la rue à des heures indues.

— En ce cas, nous sommes deux mauvais cioyens, car il me semble qu'en ce moment tu es dehors aussi, toi.

— C'est pour mon service!

— Et moi pour le mien, répondit avec aplomb La Bussière, qui, ne prévoyant pas la fin tragique de la scène, commençait à s'en divertir.

— Qui es-tu donc?

— Cela ne te regarde pas.

— Ah! tu le prends sur ce ton-là... Eh bien ! je me nomme Aillaume!...

— Et moi je ne me nomme pas!...

— Ton nom!...

— Va-t'en au diable, imbécile!...

— Ah ! tu m'insultes ; moi un sectionnaire Lepelletier !... Oh là !... patrouille, arrêtez-moi ce brigand.... c'est un aristocrate ! »

Par malheur une patrouille, à laquelle La Bussière tournait le dos, arrivait aux cris d'Aillaume. Cerné, traqué et pris, il fut conduit au corps de garde voisin. La situation était effrayante: les poches pleines de dossiers mis en pelotes, la lettre cachetée qu'il portait sur lui, tout cela était plus que suffisant pour le perdre. Mais ce qui le désespérait le plus, c'était, qu'en se perdant, il livrait à la guillotine ces têtes qu'il en avait écartées à si grande peine. Aussi, cette réflexion lui rendit tout son sang-froid et toute son énergie. Entouré de baïonnettes, Aillaume se sentait fort et s'apprêtait à recommencer son interrogatoire ; La Bussière l'attendit de pied ferme.

« Où est ta carte de citoyen ? demanda le sectionnaire.

— Je ne la montrerai pas !...
— Ton nom ?
— Je ne le dirai pas !...
— Mais d'où viens-tu ?...
— Je viens d'une bonne fortune, et je ne connais pas de loi qui puisse me forcer à en dire plus long... »

Cette discussion, comme on le pense, ne se faisait pas sans bruit ; d'autant plus que La Bussière criait à dessein de toute la force de ses poumons.

Le jour pointait, et déjà quelques passants s'étaient arrêtés devant la porte ouverte du corps de garde. Confiant en ses jarrets d'acier, La Bussière, voyant la foule se grossir, va s'élancer au dehors en employant son moyen habituel en semblable circonstance, lorsque tout à coup un jeune homme, nommé Pierre, se précipite dans le poste. C'est un garçon de bureau du Comité de salut public ; il a reconnu La Bussière qui avait toujours été bon pour lui, et s'avance pour le dégager.

« Comment ! s'écrie-t-il ; comment, citoyen, tu te laisses arrêter ?... c'est donc pour rire ?...

— Mais, non, mon bon Pierre !... c'est fort sérieusement ; et le citoyen Aillaume prétend que je suis un conspirateur.

— Ah ! c'te bêtise !... Dis donc, toi, faiseur d'embarras, continue le garçon de bureau en s'adressant à Aillaume, si le citoyen te faisait pincer à son tour ?...

— Comment !... me faire pincer ?... Prends garde, tu es son complice, tu es suspect !.... Qu'on s'empare de cet homme !...

— Ne bougez pas, vous autres !... Et toi, regarde un peu ce joujou !... »

En disant cela, Pierre découvrait sa poitrine et désignait la plaque du Comité de salut public.

Aillaume, confus, épouvanté à la vue de ce terrible talisman, se découvre, tortille entre ses doigts son bonnet rouge, cherchant à deviner si La Bussière n'est pas un des augustes dictateurs.

« Ah! ah! reprend Pierre tout heureux de son succès. Comme ça vous retourne un homme, une médaille; mais, mon cher ami, il faut que tu fasses aussi des excuses au citoyen, car il en a une médaille, et une soignée encore!... Tiens!... »

Et le malheureux, fouillant familièrement dans les poches de son supérieur, malgré l'opposition de celui-ci, en tire d'abord la carte de sûreté puis la fameuse dépêche non encore ouverte.

« En v'là, des papiers!... en v'là!... Dis donc, citoyen, continue-t-il en s'adressant à La Bussière, fais-lui donc affront devant le monde à ce gueux-là qui voulait t'arrêter. »

La moindre hésitation et tout était perdu. La Bussière le comprend, et, déchirant vivement l'enveloppe :

« Je suis fier, dit-il, citoyen Aillaume, de montrer qui je suis. Tiens! vois cette signature : Chaumette; et celle-ci : Billaud-Varenne; et celle-là : Collot-d'Herbois!... »

Tout en disant cela, il faisait passer sous les

yeux du sectionnaire les signatures des pièces, lui cachant les en-tête. Aillaume, humilié et n'y voyant que du feu, se confond en protestations, en excuses, presque en génuflexions.

« Du reste, braves patriotes, continue La Bussière, je suis loin d'en vouloir au citoyen Aillaume. Si je ne me suis pas fait connaître d'abord, c'était une épreuve, je suis bien aise de le féliciter ici, devant vous tous, sur son exactitude à veiller à la sûreté générale... Adieu, citoyen, je vais rendre compte de ton zèle au Comité de salut public. »

Et d'un pas ferme, la tête haute, le regard dominateur, il traverse fièrement le poste, passant devant les gardes nationaux qui s'inclinent avec respect, et suivi de Pierre qui lui répète en haussant les épaules :

« Tu es trop bon, citoyen !... A ta place je lui aurais joliment lavé la tête !... »

Une fois sur les boulevards, La Bussière prit congé de son garçon de bureau, en lui recommandant de ne pas ébruiter l'affaire à cause d'Aillaume, dont, disait-il, il ne voulait pas tirer vengeance, car il n'avait agi que dans de bonnes intentions. Pierre promit de se taire, salua son supérieur et s'éloigna, tandis que celui-ci prenait vivement le chemin de la barrière du Trône, où la superstition le poussait chaque nuit, persuadé qu'il était qu'un manque de séance sur son arbre porterait malheur à ceux qu'il voulait sauver. Lorsqu'il eut détruit tous ses dossiers, il passa à la lecture de cette fatale missive qui avait failli le perdre à jamais. C'était d'abord un virulent réquisitoire de Chaumette contre les comédiens, puis une lettre de Collot-d'Herbois dirigée dans le même sens, et, enfin, un nombre infini de dénonciations de toutes sortes; inutile d'ajouter que la lettre eut le même sort que les dossiers.

Le reste de la journée se passa paisiblement, et, la nuit venue, La Bussière continua bravement son œuvre de sauvetage, qu'il accomplit cette fois sans accidents. Mais le surlendemain était le 13 messidor, jour fixé pour le jugement des artistes du Théâtre-Français; La Bussière était inquiet. Cependant le jour s'écoula sans mauvaises nouvelles. Fouquier-Tainville pensait probablement que le jugement était ajourné au lendemain. On passa ainsi le reste de la semaine, ou plutôt de la décade, pour nous conformer au calendrier de cette ingénieuse époque. Notre héros, tranquille et croyant l'affaire oubliée, détruisait chaque nuit de nouvelles pièces accusatives, lorsque le 6 thermidor il trouva dans ses papiers la lettre suivante :

Paris, 5 thermidor an II de la République française une et indivisible.

LIBERTÉ, ÉGALITÉ, OU LA MORT.

L'accusateur public près le tribunal révolutionnaire aux citoyens membres représentants du peuple chargés de la police générale.

« Citoyens représentants,

» La dénonciation qui a été faite ces jours derniers à la tribune de la Convention, n'est que trop vraie ; votre bureau des détenus n'est composé que de royalistes et de contre-révolutionnaires, qui entravent la marche des affaires.

» Depuis environ dix mois, il y a un désordre total dans les pièces du Comité ; sur trente qui me sont désignés pour être jugés, il en manque presque toujours la moitié ou les deux tiers, et quelquefois davantage. Dernièrement encore tout Paris s'attendait à la mise en jugement des citoyens comédiens français, et je n'ai encore rien reçu de relatif à cette affaire. Les représentants Couthon et Collot m'en avaient cependant parlé ; j'attends des ordres à cet égard.

« Il m'est impossible de mettre en jugement

aucun détenu sans les pièces qui m en indiquent au moins le nom et la prison.

» Salut et fraternité !

» Signé : Fouquier-Tainville.

Au moment où La Bussière achevait cette lecture, laquelle, ainsi qu'on le pense bien, lui donnait à réfléchir, on vint lui annoncer que Collot-d'Herbois le demandait sur l'heure.

VI

Un bienf ait n'est-il jamais perdu?

La situation du commis était des plus critiques. Refuser de se rendre à l'ordre donné était impossible, et cependant il allait évidemment être question de la disparition des pièces accusatives, disparition dont se plaignait si énergiquement l'accusateur public.

Mais, en présence du danger, La Bussière sentait renaître toute son énergie et toute son audace. Se redressant vivement, tendant le jarret, l'œil éveillé et le nez en l'air, il se rendit dans le cabinet du trop célèbre collègue de Robespierre.

Collot-d'Herbois était d'une humeur épouvantable. On était au 5 thermidor et déjà s'agitait, à la Convention, le grand événement qui allait bientôt éclater.

« Où sont les dossiers des ci-devant comédiens français? demanda Collot-d'Herbois en toisant des pieds à la tête l'employé demeuré impassible.

— Je ne les ai pas, répondit La Bussière.

— Ils ont été cependant envoyés à ton bureau.

— Tu te trompes, citoyen, je ne les ai pas vus.

— Que sont-ils devenus, alors?

— Je l'ignore. »

La Bussière mentait avec un tel aplomb que le farouche terroriste hésita à l'accuser directement.

« Comment! s'écria-t-il, j'ai compulsé moi-même ces pièces, et je ne puis en retrouver qu'une seule.

— Une seule? fit La Bussière qui croyait les avoir anéanties toutes.

— Eh! oui; celle du citoyen La Rive.

— Ah! dit La Bussière en respirant; ce sont les pièces justificatives que je t'ai fait passer ce matin.

— Ça, dit Collot-d'Herbois, des pièces justificatives? Ce sont des pièces à charge, tu veux dire, et, dès demain, La Rive aura le cou coupé. »

La Bussière fut pris d'un éblouissement et faillit tomber ; mais un miracle d'énergie lui rendit son sang-froid. Il avait commis la veille une erreur effrayante, et il venait seulement de s'en apercevoir. Au lieu d'anéantir les pièces accusatives du comédien, il avait détruit les pièces justificatives.

« Je vais faire des recherches, dit-il résolûment. Donne-moi les pièces du citoyen La Rive, elles m'aideront à retrouver les autres puisqu'elles étaient ensemble, et demain le citoyen accusateur aura tous ces dossiers. »

Collot-d'Herbois tendit les papiers au commis.

« Si Fouquier-Tainville n'a pas tous les dossiers de ces brigands demain avant midi, dit-il, tu seras envoyé à deux heures au tribunal révolutionnaire ; tu comprends ? »

Et Collot-d'Herbois accompagna ces derniers mots d'un geste ignoble, qui n'avait pas besoin d'aucun commentaire pour être interprété.

La Bussière se retira ; le reste de la journée fut pour lui un long supplice ; enfin la nuit vint, et, sans hésiter, le courageux sauveur de tant de victimes détruisit les pièces arrachées par bonheur à Collot-d'Herbois.

Le lendemain La Bussière n'alla pas à son bureau et se cacha. Le surlendemain, il croyait à chaque instant être arrêté et s'attendait à marcher à la mort ; mais ce surlendemain était le 9 thermidor. La générale battait dans les rues de Paris, l'émeute était terrible, la Convention venait de décréter la mise hors la loi de Robespierre et de ses complices.

Après les évéments du 9 thermidor La Bussière passa près de Legendre, et, continuant son généreux système, il obtint un grand nombre d'élargissements de prisonniers ; cependant lui-même fut arrêté le 13 vendémiaire. Ce fut dans sa prison qu'il s'amusa à faire le recensement de tous ceux qu'il avait sauvés : le chiffre dépassait onze cents !

Remis en liberté huit jours après, il rentra dans la vie privée et tomba dans la misère. A ceux qui le pressaient d'avoir recours aux personnes qu'il avait sauvées, il répondit qu'il ne le voulait pas.

« Je suis jaloux de ma bienfaisance, disait notre héros, comme un amant l'est de sa maîtresse ; je l'aime en tête-à-tête ; je lui veux des voiles, des verrous et des grilles ! Ce n'est que pour elle que je permets la clôture ; le public, en ce cas, me fait peur. Ferais-je courir le pavé de Paris à cette chaste fille ainsi qu'à une fille perdue?.... La montrerais-je donc nue à tout venant?... Elle n'est belle qu'autant qu'elle est voilée.... Rien de bien, selon moi, rien de noble sans le mystère de la part de celui qui oblige ! Que la main gauche ne sache pas ce qu'a donné la droite !

Cette admirable conduite de La Bussière justifie bien des gens du reproche d'ingratitude, car la plupart de ceux qu'il arracha à la mort au péril de sa vie ignorèrent à qui ils étaient redevables de l'existence.

Les comédiens français eurent cependant bonne mémoire. Au commencement du siècle, en 1800, ils donnèrent une représentation au bénéfice de La Bussière, représentation qui produisit 14,000 francs et Mme Bonaparte, femme du premier consul, envoya de nombreux secours à son sauveur. Disons vite que Joséphine, dont la charitable bonté est si connue, ignorait, elle aussi, devoir la vie à l'homme qu'elle secourait par simple sentiment d'humanité.

Mais La Bussière, toujours dissipateur, gaspilla promptement ce qui lui était offert et continua à vivre dans l'état le plus précaire. Bientôt un accès de paralysie au cerveau vint le frapper, et il ne guérit que pour rester fou.

La police le fit enfermer dans un hospice d'aliénés où il s'éteignit promptement et complétement oublié.

Quelques heures avant ses derniers moments, il recouvra la raison et retrouva la force nécessaire pour écrire à un ami. Sa lettre se terminait par ces quatre vers, dernières lignes tracées par sa main défaillante :

> Tout bienfait avec lui porte sa récompense,
> Relève les humains de la reconnaissance,
> Le bien est un fardeau que tous ne portent pas,
> Socrate et Jésus-Christ trouvèrent des ingrats.

Il mourut en 1802.

Après cette histoire, après le récit de cette existence si remplie et si agitée, faut-il dire encore : Un bienfait n'est jamais perdu ?

FIN.

UNE FAMILLE EN LOCATION.

I

Une veuve à marier.

Dernièrement madame Amélie de Zermès, veuve, jeune et jolie, nullement fatiguée de sa beauté, mais beaucoup, paraît-il, de son veuvage, songeait à renouer les chaînes de l'hymen (style du Directoire) violemment brisées par l'inflexible Parque.

Or, madame Amélie de Zermès a vingt-huit ans à peine, elle possède des yeux bleus de la plus céleste pureté, des sourcils châtains arqués comme ceux des Mauresques, de longs cheveux bruns qui font le désespoir de son coiffeur (lequel n'entrevoit pas le moindre placement possible d'une tresse postiche). Elle a une bouche mignonne garnie des perles d'usage, une tête d'un ovale parfait, une taille enchanteresse, de magnifiques épaules et un pied imperceptible.

De plus, madame Amélie de Zermès a de l'esprit et beaucoup, de l'éducation suffisamment, elle n'est pas trop bonne musicienne, bref une foule d'avantages inestimables contre-balancés par deux défauts importants.

Manque de fortune et manque de famille.

Le bien que lui a laissé feu M. son époux a été follement dissipé par la coquette veuve, désireuse de briller et de plaire, jusqu'au dernier centime d'un crédit étayé sur une centaine de mille francs lestement jetés au vent de la prodigalité.

Quant à la famille, elle n'en a pas, ou, si elle en a, elle ne veut pas la faire voir, ce qui, comme résultat, revient exactement au même.

Donc, en dépit de sa beauté, de son esprit, de sa grâce, de ses excellentes manières, la jolie veuve ne voyait poindre à l'horizon aucun boursier enrichi, aucun boyard millionnaire, aucun hospodar valaque ou non valaque, aucun Anglais spleenique.

Ce n'étaient point les époux qui venaient, c'étaient, hélas! les créanciers!

Et quel cortége, bon Dieu! Un désastre était imminent.

La couturière refusait de fournir les robes, la cuisinière se lassait de faire des avances, la femme de chambre demandait insolemment ses gages, le carrossier tenait la voiture en séquestre, le cocher menaçait de vendre les chevaux pour se payer de son avoine fournie, et le propriétaire lui-même commençait à descendre dans la loge de son concierge pour interposer son autorité entre le vestibule de l'escalier et les paquets que l'on aurait pu enlever.

Sur ces entrefaites, madame Amélie de Zermès faisant contre fortune bonne contenance, s'en va un soir à l'Opéra. Une vieille amie (toutes les jeunes veuves ont une vieille amie) accompagnait la charmante femme. On chantait... (ma foi! je ne sais pas ce qu'on chantait ce jour-là), toujours est-il qu'on chantait... ou à peu près.

Dans un entr'acte, un coup est discrètement frappé à la porte de la loge, et l'ouvreuse entre-bâillant la portière, passe une carte à la vieille dame.

Celle-ci y jette les yeux, pousse un cri sourd et se retourne vivement :

« Introduisez ! » dit-elle.

Puis s'adressant à sa jeune amie :

« Mille pardons, toute belle, vous permettez?

— Comment donc !... »

Un monsieur se présente.

C'est un homme de quarante ans environ, d'une distinction extrême, mis avec une recherche du meilleur goût, mais d'une laideur épouvantable.

Il salue en homme de bonne compagnie et ne prend pas le siége qui lui est offert.

— Monsieur le marquis Alphonse de Ximéra !— dit la vieille dame. — Madame Amélie de Zermès, chez laquelle j'ai l'honneur de vous recevoir !

En apprenant qu'il n'est pas dans la loge de la vieille dame, le visiteur se confond en excuses, en salutations, il veut se retirer... il craint d'être indiscret... mais on le calme, on le rassure, et il finit par accepter la chaise qui, si elle eût été fauteuil, lui eût tendu les bras.

La conversation s'engage. Le marquis parle de tout et sur tout... envers et contre tout. Amélie regarde parfois son amie.

« Quel idiot m'avez-vous amené là ? lui glisse-t-elle à l'oreille. Il est assommant, votre marquis !

— Chut! fait la vieille dame. Deux cent mille livres de rente! »

Amélie sourit aussitôt, montre ses trente-deux perles, et regardant le monsieur, elle le trouve moins laid, et l'écoutant parler, elle le trouve moins sot.

La conversation continue donc... l'opéra s'achève, le marquis offre son bras, reconduit ces dames jusqu'à leur voiture, s'incline et prend congé.

« Comment le trouvez-vous? dit la vieille dame à sa compagne.

— Mais assez... original.

— Vous avez dit le mot, ma chère. Quant à lui, il vous trouve adorable!

— Vous croyez?

— J'en suis certaine.

— Et vous dites que le marquis a... deux cent mille livres de rente?...

— En terres!

— Alors, c'est M. de Carabas en personne.

— Et si vous le permettez, je serai le Chat-botté, moi!

— Comment?

— Il est veuf, vous êtes veuve, comprenez-vous? »

Madame de Zermès comprenait fort bien, mais elle ne voulait pas en avoir l'air.

« Oh! fit-elle... je ne sais pas si les convenances... d'ailleurs il ne m'aime pas, votre marquis.

— C'est précisément pourquoi il vous épousera.

— Plaît-il?

— Écoutez, ma belle, le marquis est l'être le plus extraordinairement original que je connaisse, il est laid, il est sot, mais il est fort riche, vous êtes au bout du rouleau... voulez-vous vous marier avec lui? »

A une question aussi nettement formulée, une réponse évasive n'était pas possible.

Amélie ne répondit pas, mais elle fit un signe de tête équivalent à une affirmation orale.

« Alors, dit la vieille dame, laissez-moi faire, seulement c'est après-demain la première représentation du *Père prodigue*, ayez une loge...

— J'en ai une.

— Alors tout ira bien...

— Mais expliquez-moi...

— Rien!...

— Cependant....

— Vous verrez par vous-même ce qu'il faudra faire pour atteindre le but... nous voici à ma porte, merci et bonsoir! »

La vieille dame descendit du coupé et laissa seule et légèrement agitée madame Amélie de Zermès.

Celle-ci rentra chez elle, se mit entre les mains de sa femme de chambre ; mais une fois la toilette de nuit achevée, il lui fut impossible de fermer l'œil.

Amélie pensait au marquis, songeait à ses créanciers, se bâtissait un avenir doré, réfléchissait aux paroles de la vieille dame et se demandait l'explication de ces paroles demi-mystérieuses qu'elle avait prononcées.

Enfin fatigue d'esprit, fatigue de corps appelèrent le sommeil au moment où le jour commençait à apparaître, et la jolie veuve se vit assaillie par une succession de rêves plus étourdissants les uns que les autres.

Le lendemain de la soirée de la présentation du marquis à l'Opéra, madame Amélie de Zermès passa la journée à visiter sa garde-robe, combinant tout un plan de séduction basé sur le choix des toilettes les plus étourdissantes afin d'arriver à subjuguer le millionnaire gentilhomme.

II

Un singulier prospectus.

Le surlendemain (c'était le soir que devait avoir lieu la seconde entrevue à l'occasion de la première représentation du *Père prodigue*), madame Amélie de Zermès venait de sonner pour permettre à un rayon de soleil qui frappait aux persiennes d'entrer dans sa chambre, lorsque la camériste remit à sa maîtresse une véritable liasse de papiers dont bon nombre étaient timbrés et griffonnés.

Amélie avait depuis quelques temps une correspondance trop suivie avec MM. les huissiers de la capitale pour manifester le moindre étonnement à cette vue peu récréative mais quotidienne, et elle jeta sur le tapis la liasse de papiers.

Ceux-ci s'éparpillèrent en tombant et une large lettre se détacha de la masse.

Madame la ramassa prestement, la décacheta et l'ouvrit.

Cette lettre était une circulaire imprimée ainsi conçue :

« M. le baron Frédéric de B.... qui est en ce moment de passage à Paris, a l'honneur d'exposer au public qu'étant doué d'un talent de conversation fort distingué, nourri d'études solides (ce qui devient de plus en plus rare), ayant recueilli dans ses nombreux voyages une foule d'observations instructives et intéressantes, met son temps au service des maîtres et maîtresses de maison, ainsi que des personnes qui s'ennuieraient de ne pas « causer » agréablement.

« Le baron Frédéric de B.... fait la « conversation » en ville et chez lui. Son salon, ouvert aux abonnés deux fois par jour, est le rendez-vous d'une société choisie. (25 francs par mois.)

« Trois heures de ses journées sont consacrées à une « *causerie* » instructive mais aimable. Les nouvelles, les sujets littéraires et d'art, des observations de mœurs où domine une malice sans aigreur, quelques discussions polies sur divers sujets, toujours étrangers à la politique, font les frais des séances du soir.

« Les séances de conversation en ville se règlent à raison de 10 francs l'heure.

« M. le baron Frédéric de B.... n'accepte que trois invitations à dîner par semaine, à 20 francs (sans la soirée).

« L'esprit de sa « causerie » est gradué selon les services. (Les « *calembourgs* » et « *jeux de mots* » sont l'objet d'arrangements particuliers.)

« M. le baron Frédéric de B.... se charge également de fournir des « *causeurs convenablement vêtus* » pour soutenir et varier la « conversation » dans le cas où les personnes qui voudraient bien l'honorer de leur confiance ne voudraient pas avoir l'embarras des répliques, observations ou réponses.

« Il offre également aussi ses « *causeurs* » comme « *amis ou parents* » aux étrangers ou aux particuliers peu répandus dans la société et qui cependant désireraient se procurer les uns ou les autres.

« Pour cette dernière affaire on traite en gros de gré à gré, suivant le degré d'intimité demandé ou l'âge, la position sociale, le nom des parents que l'on désire.

« Voici un petit aperçu des prix au détail pour les personnes qui, ne désirant qu'un seul ami ou un seul parent, ne seraient pas disposées à traiter en gros.

PREMIÈRE CLASSE.

Homme. Beau nom, beau titre, grand extétérieur, voiture, 2 laquais, 3 décorations étrangères (choix des couleurs assorti), air respectable. Gravité (de 40 à 60 ans); au mois. 1000

Nota. Les promenades en public se payent en dehors (20 francs l'heure). Pour chaque décoration étrangère en sus des trois exigibles, 10 francs par mois. (Peut servir au besoin d'oncle, de tuteur, de général étranger ou d'ami d'un proche parent décédé.)

Femme. Demi-jeune, jolie, belles toilettes, grandes manières, profonde connaissance du cœur humain, utiles conseils, un titre, veuve d'un diplomate allemand; Hongroise ou Napolitaine d'origine (à la volonté), ayant beau-

coup voyagé. Un coupé bas, un groom ;
au mois   800

Nota. Peut servir de cousine, de belle-
sœur ou de maîtresse de piano.

DEUXIÈME CLASSE.

Homme. Gros propriétaire, rentier, agro-
nome et philanthrope. Vastes propriétés dans des pays éloignés. Belle
tenue ; beaucoup de bijoux ; gourmet ;
fin connaisseur en toutes choses ;
joyeux entrain ; au mois   500

Nota. Peut servir de proche parent ou
d'ami intime. Promenades en public
comprises.

Femme. Fille d'un colonel polonais ; a eu
des malheurs ; toujours en deuil. Air
lugubre, intéressant ; parle peu. Précieuse pour les cérémonies impo-
santes ou funèbres. Attendrissement
facile. Grande rigidité de mœurs ; au
mois.   300

Nota. Possède, si besoin est, d'excellentes notions dans l'art culinaire.

Homme ou femme. Spéculateur hardi, inventeur au besoin de toutes choses, beaucoup de brevets (s. g. d. g.); boursier premier choix. — Séparée d'un mari ex-banquier qui vit en Belgique retiré des affaires; plusieurs enfants, beau langage; grande facilité d'élocution; au mois 250

Nota Témoin pour mariage; beaucoup de goût pour les corbeilles de mariées.

QUATRIÈME CLASSE.

Gens d'esprit des deux sexes. Artistes, écrivains, peintres, etc.; tenue modeste (on les nourrit); au mois 55

CINQUIÈME CLASSE.

Hommes. Boursiers deuxième catégorie; coulissiers retirés. Au courant de toutes les intrigues de la capitale; faisant un peu de tout et aptes à tout (on les nourrit et on les loge;) au mois . . . 25

Nota. Aimables compagnons et précieux pour les étrangers qui désirent s'amuser.

femmes. Très-répandues dans le monde... (on traite de gré à gré suivant le degré de parenté que l'on désire.)

« Comme on le voit, le baron Frédéric de B... est en mesure de fournir à toutes demandes, quelle que soit la condition de ses clients.

« Esprit, famille, beaux usages, langage choisi, le baron Feédéric de B.... peut répondre à tous, de tout et sur tout.

Une famille assortie ; au mois. 2000
    Idem.   à l'heure   50

DISCRÉTION GARANTIE.

Après avoir achevé la lecture de cette œuvre singulière, madame de Zermès se mit à rire et jeta le papier dans le tiroir d'un petit meuble.

Le soir venu, elle s'habilla, et coquette, brillante, adorable, enivrante, elle attendit sa vieille amie. Celle-ci fut exacte comme l'horloge de l'Hôtel de Ville. On monta en voiture et on partit.

Un quart d'heure après on arrivait au Gymnase, on prenait place dans la loge et.... on attdait.

Enfin la toile se lève (le marquis n'était pas encore arrivé); ces dames avaient beau interroger les stalles et les loges, elles ne voyaient rien, ou plutôt, elles voyaient beaucoup, mais dans la foule, aucun homme ne se présentait au bout des verres de leurs lorgnettes qui eût la plus petite ressemblance avec M. Alphonse de Ximéra.

Le premier acte s'achève au milieu des bravos.... et le marquis ne paraît pas.

Le second acte commence, il était neuf heures passées. Amélie commençait à s'impatienter fort, lersqu'enfin un léger coup est frappé à la porte de la loge....

« Entrez! » dit aussitôt la vieille dame en se retournant.

Amélie s'accouda sur la barre d'appui de velours rouge pour concentrer toute son attention à lorgner la salle.

Le marquis Alphonse de Ximéra entra, salua et prit place derrière la vieille baronne, afin de pouvoir mieux causer avec Amélie.

Le second acte commençait, avons-nous dit, de sorte que la conversation se trouva forcément suspendue avant que d'être commencée, et qu'il fallut attendre l'entr'acte.

Le marquis paraissait inquiet, soucieux, préoccupé, ennuyé même, et, le moment venu, au lieu de donner carrière à l'incessant bavardage qui lui était habituel, il observa un mutisme presque absolu.

Amélie regardait la baronne, la vieille dame regardait la jeune femme, et toutes deux s'interrogeaient en vain à l'aide de la prunelle sans pouvoir se donner l'explication de la conduite bizarre du marquis. Le troisième acte se passa ainsi, puis le quatrième.

« La pièce vous plaît-elle? demanda Amélie pour essayer de troubler le silence désespérant qui régnait dans la loge.

— La pièce? répéta le marquis comme un homme que l'on réveille brusquement, et qui n'a pas encore recouvré l'usage de son esprit.

— Je vous demande, monsieur le marquis, si la pièce vous plaît?

— Mais.... franchement.... elle me plaît fort peu, ou, pour mieux dire, elle me déplaît beaucoup. »

Amélie fit un bond sur sa chaise, et un regard d'indignation, parti de sa noire prunelle, foudroya le malencontreux détracteur de l'un des auteurs les plus en vogue.

« Mais, dit-elle, la pièce est de Dumas fils, cependant!

— D'accord, répondit le marquis ; mais elle me déplaît.

— Cependant il a du talent! fit observer la baronne.

— Beaucoup de talent, madame, je le reconnais.

— Eh bien?

— Eh bien! je n'aime pas son *Père prodigue*.

— Toute la salle est d'un avis contraire.

— Que voulez-vous? je suis original.

— On applaudit de toutes parts à tout rompre, et vous seul demeurez froid et indifférent.

— C'est qu'en effet je suis froid et indifférent.

— Quoi! s'écria Amélie avec impatience, vous ne comprenez donc pas la pièce?

— C'est possible, madame; mais ce qui est certain, c'est que je la comprends différemment que tous les gens qui remplissent cette salle.

— Que comprenez-vous, monsieur le marquis? Par grâce, expliquez-vous! dit en minaudant la jolie Amélie, laquelle commençait à croire qu'elle s'était furieusement trompée à l'Opéra en prenant le marquis pour un sot, et qu'elle avait devant elle, au contraire, un excentrique peut-être, mais un homme d'esprit à coup sûr.

— Madame, commença le marquis, je n'aime pas cette pièce pour deux motifs: le premier, c'est que nous voici arrivés au dernier acte, n'est-ce pas? et qu'il m'est impossible de dire jusqu'ici qui a tort ou raison ou du père ou du fils, lequel il faut haïr, lequel il faut aimer ; enfin je ne sais, ni vous non plus, ce que l'auteur a voulu prouver. Son père prodigue d'ailleurs est une exception parmi l'espèce des pères. Paris en renferme trois ou quatre de cette espèce, et au théâtre, c'est un type présentant une généralité qu'il faut mettre en première ligne, et non celui d'une heureusement très-rare exception. Ensuite je vous dirai que je n'admets pas que l'on sape la famille par sa base ; je n'aime pas qu'un fils admoneste son père, ce qui est hors des lois sociales et naturelles, et cette comédie me fait l'effet de chercher à détruire le respect de la famille. Or, je l'avoue, je suis orphelin, je n'ai pas de famille, et cependant j'envie autour de moi une réunion de parents distingués, je sens que le bonheur ne peut être attaché à moi que par les liens de la famille. »

En achevant ces mots, le marquis lança un regard perçant à Amélie. Celle-ci rougit légèrement et baissa le front.

« En somme vous vous ennuyez? dit-elle pour dissimuler son embarras.

— Non, répondit le marquis; il me semble à chaque acte voir une pièce différente, et puis j'aime à contempler l'enthousiasme forcé de tous ces gens dont les trois quarts applaudissent la pièce extérieurement, tout en la dénigrant intérieurement. »

Le cinquième acte commença: la conversation cessa.

La pièce achevée, le marquis reconduisit ces dames, ainsi qu'il l'avait fait à l'Opéra; mais en quittant la baronne au moment où elle montait dans la voiture d'Amélie, il lui glissa deux mots à l'oreille.

« Je vous attendrai, » dit la vieille dame.

Et elle partit avec sa compagne.

« Quoi? fit Amélie avec vivacité.

— Le marquis viendra me voir demain à deux heures, »

Le reste de la route se fit dans un profond silence. Amélie réfléchissait, la baronne sommeillait.

Cette nuit-là, Amélie dormit peu. Le lendemain, à quatre heures, la baronne faisait irruption dans la chambre à coucher de sa jeune amie, laquelle, plus rêveuse encore que la veille au soir, était languissamment étendue sur une chaise longue.

« Eh bien? dit-elle.

— Nous sommes perdues! s'écria la baronne; vos espérances matrimoniales s'envolent!

— Quoi! fit Amélie en pâlissant, je déplais au marquis?

— Loin de là; il vous trouve plus charmante encore!

— Mais alors?....

— Alors? Voici l'événement. Le marquis veut dîner chez vous le jour des Rois.

— Qu'il y vienne!

— Très-bien; mais il ne veut pas dîner en tête à tête : il faut que vous soyez entourée de tous les membres de votre famille! »

Amélie pâlit davantage. On se rappelle que la jolie veuve ou n'avait point de famille ou en possédait une qu'elle n'osait ou ne pouvait montrer, car personne au monde ni du monde ne lui avait connu le moindre petit cousin.

III

Une Famille assortie.

Le jour des Rois, il y avait grand remue-ménage chez la jolie veuve. Dès cinq heures du soir, le salon était illuminé, les meubles rangés dans un désordre symétrique, un feu étincelant rougissait l'âtre de la cheminée de marbre vert.

La salle à manger, soigneusement fermée, paraissait être le théâtre d'une œuvre mystérieuse, tandis que la cuisine, ouverte à tous vents, était envahie par tout un monde de marmitons et de pâtissiers, d'officiers de bouche et de valets d'emprunt.

A cinq heures et demie, la sonnette retentit timidement. On ouvre, un monsieur se présente : mise convenable, air affable et important, démarche cauteleuse.

La femme de chambre, qui a ouvert la porte, introduit le visiteur sans lui demander son nom et court auprès de sa maîtresse, à laquelle elle parle vivement à l'oreille.

Amélie achevait sa toilette. Sa robe de velours noir dessinait la ligne gracieuse de son corsage élégant et tombait en plis opulents jusque sur le tapis qu'elle balayait majestueusement.

Savamment coiffée, la belle veuve était ainsi plus ravissante que jamais.

Aux paroles prononcées par la femme de chambre, elle s'empresse d'agrafer un dernier bracelet et se rend dans le salon où l'attend le mystérieux visiteur.

Celui-ci salue la maîtresse de la maison, qui lui répond par un sourire des plus attrayants. On s'assied et... on ne dit rien.

Nouveau coup de sonnette, vigoureux celui-là, impératif, magistral. Un valet ouvre à deux battants la porte du salon et annonce à haute voix :

« Monsieur le commandeur Ivanof Gyrloskof! »

Entre alors un énorme personnage tout de noir habillé, cravaté de blanc et portant au revers de l'habit une véritable guirlande de décorations merveilleusement assorties.

Le monsieur déjà introduit se lève aussitôt. Il va prendre par la main le commandeur, et se tournant vers la jolie veuve :

« Monsieur Ivanof Gyrloskoff, madame, dit-il, votre oncle et votre parrain, passé au service de la Russie depuis vingt-cinq ans, et en ce moment à Paris. »

Amélie salue, le commandeur salue... et on se rassied.

Deuxième coup de sonnette. Entrée d'une dame : cinquante ans au moins, grande sécheresse de corps, cheveux mal teints, toilette noire, grand deuil.

Le monsieur se relève, saisit la dame par la main, et la conduisant vers Amélie :

« La comtesse Paméla Ulcorbani, votre tante maternelle, dit-il en s'inclinant; veuve d'un général napolitain. Elle a fait vœu de porter éternellement le deuil du défunt. Belles alliances au Livre d'or de Florence. »

La comtesse n'a pas pris place que la sonnette

7

est de nouveau agitée. Cette fois tintement discret.

On annonce M. Philippe Dubois.

M. Philippe Dubois est un petit vieillard propret, frais, dispos, à l'œil éveillé, au nez vermeil, à la bouche épanouie.

« Un ami de feu votre époux, dit encore le monsieur faisant fonctions d'introducteur ; grand gourmet, beaucoup d'esprit. Il vous a vue naître et vous aime comme un père »

M. Philippe sourit, prend la main d'Amélie, la porte à ses lèvres :

« Chère enfant ! » murmure-t-il ; et il va donner une cordiale poignée de main au commandeur.

Quatrième coup de sonnette !

Introduction dans le salon de deux dames et d'un monsieur. Les deux dames sont admirablement mises, mais parfaitement laides. On ne sait trop quel âge leur donner.

Le monsieur est jeune, bien frisé, fortement barbu : tenue de journal des modes.

« Anaïs et Blanche, vos cousines germaines, continue le personnage mystérieux. Elles ont eu le malheur de perdre leurs parents ; vous leur avez toujours tenu lieu de sœur. M. Raoul d'Ermelon, votre cousin, continue le monsieur en se tournant vers le jeune homme. Espérance de la diplomatie. Et enfin, moi-même, baron de B..., votre meilleur ami ! Vous le voyez, madame, la famille est au complet. »

Amélie, que chacune de ces présentations a de plus en plus vivement embarrassée, ne répond pas tout d'abord. Cependant elle se remet peu à peu, et tirant à l'écart le baron pendant que les membres de sa famille causent familièrement entre eux :

« Vous me répondez de tous ces gens? demande-t-elle.

— Au prix convenu, comme de moi-même, répond gravement le baron.

— Et ils disparaîtront?

— Le lendemain du mariage. Si madame est satisfaite, elle pourra être généreuse envers chacun d'eux. Madame peut voir que l'on n'a rien négligé. »

Le baron achevait à peine que la sonnette retentit encore.

« Le marquis ! murmure Amélie.

— Se grise-t-on? demande M. Philippe Dubois à l'oreille du baron.

— Non ! répond impérativement celui-ci.

— Quelques calembours? dit le commandeur de l'autre côté.

— Oui... peu... par-dessus le marché. Ils sont compris !

— Bien !

— Pleure-t-on? demande à son tour la veuve du général napolitain.

— Beaucoup ! Avez-vous le portrait du défunt?

— Voilà ! et voici ! répond la veuve en désignant d'un double geste un énorme médaillon agrafé sur sa poitrine et un bracelet tressé en crins noirs que 'on peut prendre pour tissé avec les cheveux d'un nègre.

— Très-bien ! fait le baron. Attention ! »

En effet, la porte vient de s'ouvrir et le marquis donnant le bras à madame de Sainte-Marie, entre dans le salon.

La vieille dame jette un rapide regard sur l'assemblée et paraît satisfaite.

Le marquis s'incline devant Amélie, qui lui tend familièrement sa petite main blanche.

« Monsieur le marquis, dit la jolie veuve, j'ai l'honneur de vous présenter quelques-uns des membres de ma famille. »

Après quelques compliments échangés, un valet vint annoncer que madame était servie, et le marquis, arrondissant gracieusement le bras droit en forme d'anse, invitait du regard la maîtresse du logis à appuyer ses doigts blancs sur le drap noir de l'habit.

On passa dans la salle à manger, où un splendide couvert était dressé suivant les principes les plus recherchés de l'art pratiqué par Grimod de la Reynière, et chacun prit place.

Le premier service fut silencieux : les convives paraissaient se renfermer dans une circonspection du meilleur goût, et Amélie, gênée en dépit de sa verve ordinaire, par la présence de ses nouveaux parents, formulait de temps à autre quelques phrases banales auxquelles on répondait par un simple mouvement de tête.

Tout à coup le baron, tout en jouant avec son couteau, choqua doucement la lame d'acier contre le verre à vin de Madère placé devant son assiette en vedette d'un véritable bataillon de cristaux de toutes formes et de toutes contenances.

Le commandeur, jusqu'alors roide et gourmé, sourit aussitôt, passa la main droite dans sa noire chevelure entremêlée de fils argentés, et, se renversant sur le dossier de sa chaise, tout en désignant à l'aide de sa fourchette tenue délicatement dans la main gauche, le contenu de son assiette :

« Ces filets de cailles sont excellents, dit-il. Ma chère nièce, votre cuisinier est bien réellement un être fort remarquable. C'est un artiste ; ce mets si parfaitement réussi me rappelle un dîner fait il y a quelques années à Naples, dîner offert par le prince de Curilli à ses intimes, et auquel, à ce titre, j'avais l'honneur d'assister... »

Le baron, qui tenait toujours son couteau à la main, le plaça alors entre ses doigts, en appuyant l'extrémité du manche d'ivoire sur la nappe éblouissante.

« Le prince Curilli ! dit vivement M. Dubois, n'est-ce pas le neveu du cardinal Almeda?

— Précisément! répondit le commandeur.

— Oh! je le connais très-bien, alors. Le cardinal, lors de son dernier voyage en France, est venu me visiter à ma petite villa des bords de la Durance. Son Éminence a même méconnu de la manière la plus épouvantable l'hospitalité que je lui offrais. Croiriez-vous qu'elle m'a enlevé mon cuisinier ! Un garçon que j'avais stylé et qui me devait sa remarquable éducation culinaire.

— Monsieur est gourmet? demanda le marquis.

— Dites gourmand, monsieur le marquis, et vous serez dans le vrai.

—La gourmandise est un péché véniel, fit l'une

des prétendues cousines d'Amélie en minaudant outrageusement.

— Un péché, belle dame! s'écria M. Dubois. Quel vandalisme d'expression! C'est une qualité précieuse, au contraire. Beaucoup d'hommes d'esprit étaient gourmands, témoin l'aventurier Casanova. Je me rappelle à ce sujet une petite anecdote assez... amusante que... »

Le baron leva son couteau.

« Oh! fit aussitôt mademoiselle Blanche, la seconde cousine de la jolie veuve, monsieur Dubois, pas d'anecdote scandaleuse, je vous en conjure!

— Bah! dit M. Dubois d'un air badin.

Le baron posa son couteau en travers sur son assiette.

— Quant à moi, dit d'une voix fluette M. Raoul d'Ermelon, j'estime fort la gourmandise. J'ai gagné un pari, à Vienne, contre mon excellent ami lord Stanton, lequel me défiait de manger, à moi seul et en un espace de temps donné, un dindon truffé de la plus belle espèce...

— Eh mais, interrompit M. Dubois sans paraître se préoccuper de couper la parole à son voisin, la comtesse a dû voir souvent le cardinal et le prince; car le premier était, si j'ai bonne mémoire,

« Ces filets de cailles sont excellents, dit-il. Ma chère nièce, votre cuisinier est bien réellement un être fort remarquable. C'est un artiste ; ce mets si parfaitement réussi me rappelle un dîner fait il y a quelques années à Naples, dîner offert par le prince de Curilli à ses intimes, et auquel, à ce titre, j'avais l'honneur d'assister... »

Le baron, qui tenait toujours son couteau à la main, le plaça alors entre ses doigts, en appuyant l'extrémité du manche d'ivoire sur la nappe éblouissante.

« Le prince Curilli ! dit vivement M. Dubois, n'est-ce pas le neveu du cardinal Almeda?

— Précisément ! répondit le commandeur.

— Oh ! je le connais très-bien, alors. Le cardinal, lors de son dernier voyage en France, est venu me visiter à ma petite villa des bords de la Durance. Son Éminence a même méconnu de la manière la plus épouvantable l'hospitalité que je lui offrais. Croiriez-vous qu'elle m'a enlevé mon cuisinier ! Un garçon que j'avais stylé et qui me devait sa remarquable éducation culinaire.

— Monsieur est gourmet? demanda le marquis.

— Dites gourmand, monsieur le marquis, et vous serez dans le vrai.

— La gourmandise est un péché véniel, fit l'une

des prétendues cousines d'Amélie en minaudant outrageusement.

— Un péché, belle dame! s'écria M. Dubois. Quel vandalisme d'expression! C'est une qualité précieuse, au contraire. Beaucoup d'hommes d'esprit étaient gourmands, témoin l'aventurier Casanova. Je me rappelle à ce sujet une petite anecdote assez... amusante que... »

Le baron leva son couteau.

« Oh! fit aussitôt mademoiselle Blanche, la seconde cousine de la jolie veuve, monsieur Dubois, pas d'anecdote scandaleuse, je vous en conjure!

— Bah! dit M. Dubois d'un air badin.

Le baron posa son couteau en travers sur son assiette.

— Quant à moi, dit d'une voix fluette M. Raoul d'Ermelon, j'estime fort la gourmandise. J'ai gagné un pari, à Vienne, contre mon excellent ami lord Stanton, lequel me défiait de manger, à moi seul et en un espace de temps donné, un dindon truffé de la plus belle espèce...

— Eh mais, interrompit M. Dubois sans paraître se préoccuper de couper la parole à son voisin, la comtesse a dû voir souvent le cardinal et le prince; car le premier était, si j'ai bonne mémoire, un peu parent de l'illustre général que nous regrettons tous. »

La veuve Ulcorbani, qui avait jusqu'alors gardé le plus profond silence et avait accepté tout ce qui lui avait été offert, la veuve poussa un soupir.

Le baron remit son couteau sur la table.

« Hélas! fit-elle, le cardinal était le cousin germain du comte Ulcorbani! Il m'a même donné une preuve de la plus grande affection alors que le malheur se fut abattu sur notre maison... Quelques jours avant que.... le général ne succombât.... »

Le baron avait reprit son couteau et l'agitait doucement; la comtesse parut fort émue et reprit d'une voix faible :

« Quelques jours avant que la mort cruelle ne me privât du meilleur des époux.... le cardinal vint nous visiter.... Le comte était alors.... bien près de ses derniers moments.... »

Le couteau demeura immobile; la veuve porta son mouchoir à ses yeux et sembla étancher quelques larmes.

« Chut! fit le commandeur en s'adressant à M. Dubois, cette pauvre comtesse! ne rouvrez pas ses douleurs.

— Madame, je vous en conjure! » dit le marquis

ému lui-même par la pantomime expressive de la comtesse.

Le baron fit passer son couteau de la main droite dans la main gauche.

« Ma chère nièce, continua le commandeur en s'adressant à Amélie, vous étiez à l'Opéra mercredi, je crois?

— Vous avez entendu le Prophète? dit Raoul.

— Avez-vous assisté à la représentation au bénéfice de Roger? demanda Anaïs.

— J'ai parbleu bien payé une stalle dix louis! s'écria M. Dubois en mirant un verre de bordeaux. C'était beau ! »

La conversation devint générale et parut donner à la pauvre veuve le temps de se remettre.

« Charmante famille murmura le marquis à l'oreille d'Amélie.

— Vous trouvez? dit la jolie maîtresse de maison avec un léger embarras.

— D'honneur, madame, je vous en fais mes compliments! Quel discrétion! quel tact!... Le commandeur est parfait, c'est un type de bon goût! M. Dubois est fort original, et ces deux dames placées vis-à-vis de moi (le marquis désignait du regard les deux cousines), ces deux dames respirent en elles l'habitude du meilleur monde. Quant à la comtesse, sa douleur m'a fait mal! Pauvre femme!»

Le baron prit son couteau entre l'index et le pouce de la main droite et tapa avec la lame l'ongle du médium de sa main gauche.

M. Dubois, qui causait bas avec M. d'Ermelon, partit subitement d'un violent éclat de rire.

« Charmant! charmant! dit-il.

— Qu'est-ce donc? demanda le baron.

— Une historiette que me raconte monsieur et dont il est le héros.

— Peut-on l'entendre? demanda Blanche.

— Parfaitement. Je vais vous la répéter, si vous le permettez?

— Oh! de grâce! fit M. d'Ermelon.

— Allons! pas de fausse modestie! C'est charmant, et j'en fais juge monsieur le marquis lui-même. »

Et M. Dubois se tourna vers le gentilhomme.

IV

Une Pamoison à grand effet.

« Qu'est-ce donc, monsieur ? avait demandé le marquis auquel venait de s'adresser M. Philippe Dubois.

— D'abord, monsieur le marquis, reprit le vieil ami de la jolie veuve, vous n'ignorez pas qu'une femme fait quelquefois plus de ravage avec son éventail qu'un général avec son épée. Jadis même, en Angleterre, un gentleman fort spirituel avait proposé d'établir une académie pour y dresser les jeunes demoiselles dans l'exercice de l'éventail. Les divers commandements étaient :

> Préparez vos éventails ;
> Déferlez vos éventails ;
> Déchargez vos éventails ;
> Mettez bas vos éventails ;
> Reprenez vos éventails ;
> Agitez vos éventails.

On demandait six mois pour conduire les académistes à la perfection de ces six mouvements.

Préparer l'éventail, c'est le prendre et le tenir fermé, en donner un coup sur l'épaule de l'un, faire une niche à un autre, en porter le bout sur le bord de ses lèvres, le laisser baissé en le tenant entre deux doigs d'un air négligé.

Déferler l'éventail, c'est l'ouvrir par degrés, le tenir à moitié ouvert, le refermer et l'ouvrir en lui faisant faire des espèces d'ondulations.

Décharger l'éventail, c'est l'ouvrir brusquement et faire une espèce de décharge par le claquement général qui s'opère au même instant, au moyen des plis et des touches qu'on agite rapidement.

Mettre bas l'éventail, c'est poser l'éventail sur la cheminée ou sur la table quand il s'agit de jouer, de manger, de rajuster sa coiffure ou de remettre une épingle qui se détache.

Reprendre l'éventail, c'est le reprendre pour sortir après la partie ou la visite faite.

Agiter l'éventail, c'est s'en rafraîchir lorsqu'on ne sait plus que dire, lorsqu'on s'ennuie, lorsqu'on est embarrassé. L'agitation de l'éventail est la partie la plus intéressante de l'exercice.

Il y a diverses sortes d'agitations de l'éventail : l'agitation fâchée, modeste, craintive, confuse, enjouée, amoureuse.

Enfin l'agitation de l'éventail dépend de la manière d'être des dames ; de sorte qu'il y a des éventails gais, des éventails tristes ; il y en a de sombres et d'enjoués, de folâtres et de mélancoliques, comme il y a des esprits folâtres, enjoués, joyeux, tristes, mélancoliques et rêveurs.

— Très-joli! dirent en riant les deux cousines.

— Mais, ajouta le commandeur, je ne vois pas dans tout cela l'histoire du vicomte.

— Attendez donc! dit M. Dubois. Je devais, pour rendre cette histoire plus claire, poser avant tout la théorie de la manœuvre des éventails, maintenant je reviens à l'historiette....

— Nous écoutons, dit le marquis.

— Figurez-vous donc que le cher vicomte ici

présent était dernièrement fort épris des charmes d'une certaine dame....

— Ah! interrompit Blanche en rougissant, pas d'anecdotes que nous ne puissions entendre!

— Soyez tranquille, dit M. Dubois en souriant, l'histoire n'a rien de scandaleux.

— Nous l'espérons! ajouta Anaïs.

— Les femmes trop vertueuses sont quelquefois bien insupportables! dit M. Dubois en se penchant vers le marquis, mais j'estime trop ces dames pour ne pas respecter leurs scrupules. »

Puis M. Dubois reprenant la parole à voix haute :

« Donc, continua-t-il, le vicomte était fort épris d'une belle dame. Mais permettez! avant de continuer il faut que vous me passiez encore une petite digression, toujours dans l'intérêt de la clarté de l'histoire.

Vous avez sans nul doute lu ou entendu raconter que l'aimable et spirituelle Ninon de Lenclos avait pour premier médecin un petit chien svelte, mignon, à l'œil noir, au poil fauve, qu'elle appelait Raton.

Quand Ninon allait dîner en ville, Raton l'accompagnait.

Elle le plaçait dans un corbillon tout près de son assiette.

Raton laissait passer, sans mot dire, le potage,

la pièce de bœuf, le rôti ; mais dès que sa maîtresse faisait semblant de toucher aux ragoûts, il grommelait, la regardait fixement, et les lui interdisait.

C'était un colloque animé, sentimental, où, après bien des remontrances, le docteur régent obtenait toujours pleine obéissance : quelques entremets n'éveillaient pas toute sa sévérité ; mais il y en avait qu'il proscrivait absolument, surtout quand une odeur d'épices annonçait quelque danger.

Le docteur jappant voyait, de son corbillon, passer et se succéder tous les services, sans rien prendre pour lui, sans convoiter un os de poulet : ce n'était point un médecin prêchant la tempérance, et gourmand à table ; mais voyait-il arriver le dessert, zeste ! il sautait sur la nappe, courait çà et là, rendant ses hommages aux dames et aux demoiselles, leur riant gentiment, et, pour prix de ses caresses, recevait force macarons, dont deux ou trois suffisaient à son appétit.

Il permettait le fruit à discrétion et l'usage du sucre ; mais au service des liqueurs la désapprobation était formelle, ses yeux devenaient demi-ardents de colère.

Décoiffait-on l'anisette, Raton aussitôt de se serrer contre sa maîtresse, comme dans l'instant du plus grand péril, d'emporter entre ses dents le petit verre, et de le cacher soigneument dans le corbillon.

Ninon feignait-elle de vouloir prendre du nectar prohibé, notre petit Sangrado se mettait à la gronder; Ninon insistait-elle, c'était bien autre chose; il se démenait comme un lutin, et jamais Purgon, sur notre scène comique, ne parut plus emporté: chacun se pâmait de rire en voyant la grande fureur hippocratique logée dans un corps si mince.

« Docteur, disait Lenclos, vous me permettrez au moins de boire un verre d'eau? »

A ces mots, l'on se radoucissait, on remuait la queue; plus de colère; en signe de réconciliation, l'on buvait dans le même gobelet; Raton acceptait alors et grugeait une gimblette; puis, victorieux, il faisait mille tours, et sautait d'aise et d'allégresse d'avoir vu passer encore un repas conforme à l'ordonnance, et qui ne devait pas nuire aux jours précieux de son inséparable amie.

— Mais, s'écria encore le commandeur, je demande l'histoire de vivants. Quel rapport ont donc vos éventails, Votre Ninon et son petit chien, avec notre jeune et charmant ami?

— Aucun avec lui, j'en conviens, mais de très-grands avec la dame en question.

— Comment?

— Ce que le petit chien était pour Ninon, un certain éventail l'est pour la belle dame.

— Quoi! cette dame a pour médecin un éventail?

— Oui.

— Ah! par exemple! voilà qui est fort!

— Permettez! je m'explique... Le chien de Ninon était le médecin du corps; l'éventail dont je parle est le médecin de l'esprit.

— Je comprends de moins en moins, dit le commandeur.

— C'est pourtant limpide. La dame dont il s'agit a une amie, laquelle amie possède un tact inouï dans la conversation. La dame, désireuse de briller et se fiant peu sur les ressources de son intelligence personnelle, a fait un marché avec l'amie spirituelle. Celle-ci guide la conversation à l'aide de son éventail, habilement manœuvré, et dont chaque manœuvre a, ou plutôt avait une signification déterminée.

— Cela est fort ingénieux, dit le marquis en paraissant prendre un grand intérêt à la narration de M. Dubois. Ensuite?

— Ensuite? monsieur le marquis, voilà précisément où commence le comique de l'aventure dont le vicomte est le héros. Outre notre jeune ami, la dame avait un adorateur qui s'acharnait en tous lieux à ses pas. Un soir, cet adorateur et elle se rencontrent dans un salon où se trouvait également le vicomte. La conversation était vive, la dame brillait, l'amie jouait de l'éventail avec une coquetterie ravissante. La dame racontait une anecdote semée de réflexions plus étourdissantes les unes que les autres, lorsque tout à coup...

— Ah! mon Dieu! interrompit brusquement le baron de B***, madame de Zermès se trouve mal! »

Et, se levant vivement, le baron se précipita vers la jolie veuve, laquelle venait effectivement de se laisser aller sur le dossier de sa chaise, dans la situation d'une femme en proie à une pâmoison subite.

Tous les convives, se levant en tumulte, imitèrent le premier mouvement du baron, et se précipitèrent vers la jolie veuve.

Le marquis lui prodiguait les soins les plus empressés. Cependant Amélie ne faisait aucun mouvement et ne rouvrait pas les yeux.

« Il lui faut de l'air, dit la vieille dame qui avait

accompagné le marquis; transportons-la dans sa chambre. »

La cameriste accourue les mains pleines d'une collection de flacons renfermant tous les antispasmodiques connus, aida à soulever le corps inerte de la jeune femme, et les deux cousines, lui tenant chacune un bras, Amélie fut conduite dans sa chambre. La comtesse Ulcorbani poussait de douloureux soupirs.

Le baron suivit le cortége jusqu'à l'entrée du sanctuaire. Amélie parut alors reprendre momentanément ses sens, car se redressant vivement, elle agita les lèvres comme si elle eût parlé bas à l'oreille du baron; puis le marquis s'avançant plus empressé que jamais, elle retomba en syncope et la porte de la chambre à coucher se ferma sur le nez des profanes.

Les hommes demeurés seuls passèrent dans le salon. M. Dubois semblait vivement alarmé de l'accident qui venait d'interrompre si brusquement le dîner.

« Eh bien? eh bien? s'écria-t-il en courant vers le baron, lequel pénétrait le dernier dans la pièce, comment va cette chère enfant?

— Mieux... ce ne sera rien, répondit le baron. Un accès nerveux, une émotion étrange et trop vive a subitement impressionné cette nature si éminemment sensible.

— Eh mon Dieu! à quoi donc attribuer cette émotion dont vous parlez? demanda le marquis.

— J'en ignore la cause, mais les effets en sont trop manifestes pour pouvoir nier.

— Vous veniez de parler bas à ma nièce, monsieur! dit le commandeur d'un ton demi-sévère.

— Mais... je ne sais, » balbutia le marquis qui rougit subitement.

Le gentilhomme venait effectivement de se rappeler qu'au moment même qui précédait la pâmoison, il débitait un madrigal à l'oreille de la belle veuve et que, par mégarde sans doute, sa main, à lui, avait frôlé les jolis doigts d'Amélie.

Le marquis, hâtons-nous de le dire, n'est nullement fat. Il n'avait donc attaché aucune corrélation entre ses paroles, son action et la syncope de sa voisine, mais la demande du commandeur fit surgir tout à coup dans sa tête une pensée dont l'écho frappa immédiatement son cœur.

Pendant que M. de Ximéra s'abandonnait à une suite de réflexions chatouillant agréablement son amour-propre, le baron passait devant M. Dubois sans s'arrêter :

« Éventail! mauvais! fausse route! Donnez le change! » lui glissait-il à l'oreille.

M. Dubois, qui causait avec le commandeur et M. d'Ermelon, ne parut pas avoir entendu.

« Cette chère belle, dit à haute voix M. Gyrloskoff, je serais véritablement au désespoir de la savoir d'une santé délicate.

— Oh! fit M. d'Ermelon, n'ayez pas cette crainte...

— C'est que c'est ma nièce unique, savez-vous, vicomte! c'est ma seule héritière. Les roses de son teint rajeunissent mes cheveux blancs! Pauvre chère enfant! c'est l'espoir de ma vieillesse, et ma fortune sera un jour la sienne!

— Espérons alors qu'elle héritera le plus tard possible! dit M. Dubois.

— Oh! reprit le commandeur avec un sourire de résignation mélancolique, oh! je suis usé, mon cher ami! Les fatigues des camps ont brisé mes forces! J'ai fait durant dix années la guerre du Caucase!

— N'avez-vous pas été en Sibérie! demanda M. Dubois.

— J'ai failli y aller, mais l'empereur a daigné se rappeler à temps mes services rendus....

— Vous aviez donc été en disgrâce?

— J'ai été le jouet d'un indigne complot.

— Et maintenant?

— Maintenant je suis au mieux à Saint-Pétersbourg et je jouis en paix de mes modestes revenus.

— Modestes revenus! s'écria M. Dubois, vous en parlez bien à votre aise! Vous êtes immensément riche, commandeur!

— Fortune acquise au prix de mon sang, je puis le dire avec une certaine fierté! répliqua le commandeur en caressant du doigt les décorations multicolores épanouies à la boutonnière de son habit.

— Belle chose! fit observer le vicomte.

— Bah! continua M. Gyrloscoff avec une insouciance de grand seigneur. Qu'est-ce que l'argent? Pour moi je n'y tiens guère et si je ne considérais cette fortune comme le propre bien de ma belle nièce (car tout ce que j'ai lui appartiendra un jour), je n'y attacherais pas la moindre importance, mais il est doux de faire du bien à ceux que l'on aime!

— Belle pensée! dit encore le vicomte sur le même ton.

— Digne d'un grand cœur! ajouta le marquis, lequel n'avait pas perdu un mot de l'entretien et venait de s'approcher doucement du groupe.

— Oh! je vous en prie, marquis.... » fit le commandeur avec une confusion décelant sa modestie à toute épreuve.

Puis se tournant vers le baron et comme pour couper court aux éloges qui lui étaient prodigués :

« Cher, continua-t-il, puisque ma nièce va mieux, organisez donc un whist, tandis qu'elle achève de se remettre auprès de ces dames.

— Volontiers! » dit le baron.

Et il fit un signe à un domestique de préparer une table de jeu.

« Un whist! fit M. Dubois avec une légère grimace. Pourquoi pas plutôt un lansquenet? Votre whist demande trop de combinaisons : cela me casse la tête! Après un bon repas, ne me parlez point de ces jeux compliqués! Le lansquenet est fort bête, c'est ce qui fait son charme! On joue en causant, et je préférerai toujours aux émotions produites par les cartes, la charmante conversation de monsieur le marquis, conversation dont votre whist me priverait, et dont me laissera jouir à mon aise le jeu que je propose.

— Eh oui! s'écria le vicomte. Un petit lansquenet, sans prétention!

— Le lansquenet vous convient-il, marquis, demanda le baron en s'adressant à M. de Ximéra.

— Parfaitement, monsieur, répondit le marquis.

— Et vous, commandeur?

— Le lansquenet est absurde! grommela M. Gyrloskoff, mais enfin!... jouons le lansquenet! »

Raoul et le baron s'approchèrent de la table. Le commandeur se dirigea vers la cheminée, et le marquis, posant sa main sur le bras de M. Dubois, l'attira dans l'embrasure d'une fenêtre.

« Cher monsieur, dit M. de Ximéra, j'ai une prière à vous adresser.

— A vos ordres, marquis! Trop heureux de...

— Vous aviez commencé, durant le dîner, une histoire qui m'intéressait fort...

— Quelle histoire? interrompit M. Dubois en ouvrant de grands yeux.

— Celle de la dame à l'éventail.

— La dame à l'éventail? répéta M. Dubois en paraissant chercher dans sa mémoire.

— Oui, l'histoire de cette dame assez... sotte, dont le vicomte était amoureux, et près de laquelle il trouvait un rival? Vous vous souvenez? madame de Zermès s'est évanouie au moment où vous alliez continuer...

— Oh! pardon! s'écria l'interlocuteur du marquis. Je ne me souvenais plus... C'est l'indisposition d'Amélie qui, par ma foi! m'avait troublé la cervelle. Je sais... je sais... Eh bien! monsieur le marquis, vous désirez?

— Savoir la fin de l'histoire.

— Oh!... cette fin est bien prosaïque!

— Mais encore?...

— Le vicomte, tel que vous le voyez, dit M. Dubois en baissant la voix et en accompagnant ces paroles d'un sourire dédaigneux, le vicomte est parfaitement niais. Il a commis une balourdise à propos de cet éventail dont il avait surpris le secret, et la dame l'a mis à la porte.

— Voilà tout? demanda le marquis.

— Voilà tout! répéta M. Dubois.

— Vous en êtes sûr?

— Du moins, c'est là tout ce que je sais.

— C'est singulier! fit le marquis en réfléchissant.

— Quoi donc?

— J'avais déjà entendu raconter cette histoire, et il me semblait que.... »

Puis, s'interrompant brusquement.

« Pouvez-vous me confier le nom de l'héroïne? demanda-t-il.

— Parfaitement! répondit sans hésiter M. Dubois

— Et ce nom est?

— Mme Paméla Van-Horn.

— Une allemande?

— Une hollandaise!

— Vous en êtes certain?

— Très-certain. »

M. Dubois avait répondu si nettement, que le marquis parut ne plus douter.

« Très-bien! très-bien! » dit-il avec un sourire qui épanouit sa physionomie un moment rembrunie. Puis il ajouta à voix basse : « Il faut que » demain cet homme soit à mes gages! »

— Le lansquenet vous réclame, marquis? » s'écria le vicomte en interrompant brusquement la rêverie du gentilhomme.

V

Un Déjeuner de garçons.

Huit jours après le dîner donné par la charmante veuve, la salle à manger du marquis de Ximera présentait, elle aussi, une animation inaccoutumée. Il était une heure de l'après-midi, et quatre convives étaient attablés en face d'un splendide déjeuner merveilleusement servi dans une vaisselle princière.

Le marquis présidait la table avec une véritable aisance de grand seigneur. Ses compagnons étaient le commandeur Gyrloskoff, M. Philippe Dubois et le baron de B....

De nombreux domestiques passaient silencieusement derrière les convives, veillant à tout et se penchant de temps à autre vers chacun des invités du marquis pour murmurer à l'oreille, de ce ton funèbre adopté par les maîtres d'hôtel des grandes maisons, le nom d'un mets recherché ou ceux des vins du plus haut crû.

Le premier service était achevé, et la conversation paraissait des plus vives. C'était le commandeur qui avait la parole, et, en sa qualité d'officier ayant été longtemps au service de Russie, il récitait d'une façon toute charmante un article emprunté à la *Gazette du Nord*.

« J'étais donc en mission extraordinaire dans le Kamtschatka, disait-il en se renversant sur le dossier de sa chaise et en suivant de l'œil les manœuvres du couteau du baron, lequel paraissait silencieux et concentré comme quelqu'un occupé à mener à bonne fin une affaire de la plus haute importance. Vous savez, messieurs, que généralement les habitants du Kamtschatka font leurs voyages d'hiver en traîneaux attelés de chiens ; mais on ne connaît point les détails de ce singulier mode de locomotion.

— C'est vrai, dit le marquis en s'inclinant.

— Les historiettes du commandeur sont intéressantes au plus haut point, murmura M. Dubois.

— La caisse du traîneau du Kamtschadale, reprit M. de Gyrloskof, est formée d'un tissu d'osier se relevant à l'avant et à l'arrière en demi-lune, le tout fortement attaché par des courroies et peint en rouge ou en bleu. Cette caisse est fixée sur un train élevé, lequel est supporté à son tour par une large charpente glissant sur des patins faits d'os de baleine. A l'avant sont suspendues de petites clochettes destinées à exciter par leur son argentin l'ardeur de l'attelage. Tout le traîneau ne pèse pas plus de douze livres; son seul défaut est d'être trop élevé, mais il n'en est que plus rapide. Du reste, il est construit avec tant d'élégance et d'habileté que le meilleur mécanicien n'y trouverait rien à redire.

— Ce genre de voiture doit effectivement être fort singulier et réellement charmant, dit le baron.

— Les Kamtschadales, continua le commandeur, attèlent habituellement à leur traîneau quatre paires de chiens, à la tête desquels marche un chien conducteur, sur la douceur et la fidélité duquel ils croient pouvoir compter. Ces chiens portent au cou un collier de peau d'ours auquel sont attachées les rênes, mais ces rênes ne servent guère à les guider; on les laisse flotter.

— Monsieur Gyrloskoff raconte d'une façon des plus agréables, fit observer le marquis; sa conversation est toujours amusante et instructive.

— Vous me comblez, marquis! dit le commandeur, mais j'ai beaucoup vécu, beaucoup vu et beaucoup retenu.

— Belle mémoire! dit M. Dubois.

— Continuez donc, commandeur, je vous en prie! »

Le commandeur reprit:

« Un traîneau Kamtschadale porte une charge d'environ 200 à 250 kilogrammes; mais il n'y a de place que pour un seul individu. Celui-ci s'y assied en travers, les jambes tournées à droite, afin de pouvoir en sortir plus facilement dans les endroits dangereux. Il tient à la main un bâton recourbé, orné de courroies de diverses couleurs. Quand il veut mener à droite, il frappe de son bâton le côté gauche du traîneau; il fait le contraire quand il veut aller à gauche. Veut-il s'arrêter? il pose le bâton sur l'avant. Quant les chiens s'emportent, il jette le bâton à celui qui paraît être l'auteur du désordre; mais il faut qu'il soit bien sûr de le reprendre en route, car si les chiens s'apercevaient qu'il est désarmé, ils cesseraient de lui obéir. Le bâton est aussi nécessaire au Kamtschadale qui voyage que le gouvernail au pilote.

— C'est un véritable bâton de commandement, interrompit M. Philippe.

— Et les chiens obéissent-ils? demanda le marquis.

— Pas toujours. Ils sont en général assez mal disciplinés. Ils aboient horriblement quand on les attèle ; ils sont insensibles aux caresses aussi bien qu'aux menaces. Si, par malheur, le voyageur tombe du traîneau, ils n'en poursuivent pas moins leur course jusqu'à la station où ils ont l'habitude de s'arrêter. Dans les endroits escarpés ils offrent peu de sûreté; on n'en attèle alors guère plus de trois. Les montées les épuisent; le voyageur doit les gravir à pied. On ne donne aucune nourriture aux chiens avant le départ; ils ne mangent qu'à la station où ils doivent s'arrêter; l'appétit aiguillonne leur course. Du reste, le chien de Sibérie peut se comparer, pour la sobriété, au chameau du désert; on en a vu marcher plusieurs jours sans prendre le moindre aliment. Quand la route est passable, le Kamtschadale fait 150 kilomètres par jour; il en fait jusqu'à 200 quand elle offre un traînage lisse et solide. A l'époque du dégel, il est obligé d'envoyer des éclaireurs chaussés de longues raquettes en avant pour lui frayer le chemin. En général, un voyage d'hiver dans l'intérieur du Kamtschatka est plein de désagrément. Il faut y traverser des bois encombrés de branches mortes et de broussailles, ce qui vous oblige à chaque instant à garer votre visage, vos bras et vos jambes. Et c'est précisément dans ces sortes d'endroits que les chiens précipitent le plus leur course ; on dirait qu'ils veulent se débarrasser du voyageur et de l'équipage, ce qui, du reste, leur réussit assez souvent.

— Peste! commandeur, s'écria M. Dubois, mais ce n'est pas tout rose qu'un voyage au Kamtschatka.

— On doit courir souvent de grands dangers, ajouta le marquis.

— De très-grands, effectivement, répondit le commandeur. L'un des plus sérieux auxquels on soit exposé dans ces sortes de voyages, c'est d'être surpris par des ouragans et des trombes de neige épouvantables. On cherche alors un refuge dans le bois le plus proche, où l'on reste souvent une semaine entière avant que le temps soit redevenu serein. On se blottit dans des trous de neige que l'on ferme avec des broussailles ; on se cache aussi dans des creux de rochers, et là on se couche dans la neige, qui offre, du reste, un lit très-chaud. Quand les vents du sud-est, accompagnés d'une neige humide, ou les vents du nord d'un froid aigu, surprennent le voyageur au milieu des grandes plaines, le danger est pour lui beaucoup plus grand, et il lui arrive souvent malheur. Il cherche pour s'abriter quelque énorme tas de neige, aux flancs duquel il se blottit; mais il n'ose s'endormir, car la neige pourrait tomber sur lui pendant son sommeil en si grande quantité qu'il lui serait impossible de se relever. Il est donc forcé de se mettre debout presque tous les quarts d'heure pour se recoucher ensuite sur la neige nouvellement tombée. Malgré ces précautions, un grand nombre de malheureux périssent chaque hiver, gelés ou étouffés. Mars et avril sont les mois où l'on voyage au Kamtschatka avec le plus d'agrément. Le froid y est encore très-vif, mais les naturels du pays en prennent peu de souci. Ils mangent en compagnie de leurs chiens du poisson sec et gelé, ils se désaltèrent avec des globules de neige ; ils couchent dans la neige où ils dorment paisiblement et se réveillent frais et dispos. Ils ne se décident que très-difficilement pendant les deux mois dont il s'agit à faire du feu. Quand ils allument du feu, dans le cours de leurs voyages, c'est toujours un grand brasier; s'ils se décident à s'en approcher, il le font tout à fait en grand, c'est-à-dire qu'il se dépouillent de leurs vêtements et tournent le dos nu à la flamme, s'endormant dans cette position pendant plusieurs heures: ce qui est extraordinaire, c'est que, bien que le brasier s'éteigne longtemps avant le jour, ils ne sont point réveillés par le froid et ne se plaignent en aucune façon de sa rigueur.

— Brrr? fit M. Dubois en frissonnant, vous me donneriez la chair de poule avec votre description. Ah çà! mais est-ce qu'il n'y a pas d'autre moyen de voyager qu'en traîneau, dans cet horrible pays?

— Si fait; les Kamtschadales ne voyagent pas toujours en traîneau, ils vont aussi à pied, même pendant l'hiver. Dans ce cas, ils se réunissent habituellement un certain nombre; mais jamais ils ne marchent plusieurs de front, ils se suivent un à un en ligne.

— J'aime mieux la France! dit le baron.

— Et moi aussi, ajouta M. Philippe.

— Oh! fit le marquis, ont est heureux d'avoir vu de pareilles choses, mais on est aussi fort heureux de les entendre raconter. »

Le commandeur s'inclina.

Le baron fit une manœuvre à l'aide de son couteau.

M. Dubois tira aussitôt une tabatière de sa poche et la présenta au commandeur.

« Oh ! oh ! fit celui-ci en riant, vous avez fait toilette, aujourd'hui ; vous avez pris votre boîte en vernis, Martin !

— Voici une miniature des plus galantes, ajouta le marqs en se penchant vers la boîte que tenait le commandeur.

— C'est une miniature du peintre russe Klingstelt, qu'on appelait sous la Régence le Raphaël des tabatières, dit M. Dubois en se dandinant sur son siége. Aujourd'hui ces précieuses boîtes ne sont plus que des bijoux ; alors elles servaient réellement. La tabatière, qui n'est plus qu'un objet d'étagère, était un meuble de poche, que son heureux propriétaire ouvrait, fermait, balançait, caressait avec coquetterie, au milieu des conversations, et dont il offrait avec grâce la poudre parfumée, en ne manquant jamais de faire admirer la riche peinture du couvercle.

— Ainsi que vous venez de le faire vous-même, dit le baron en riant.

— C'est vrai, répondit naïvement M. Dubois ; c'est une habitude. Au reste, je vous parlais dernièrement de l'exercice de l'éventail. Les manœuvres de la tabatière étaient ainsi également réglées. Voici la règle telle que je me la rappelle :

1° Prenez la tabatière de la main droite.

2° Passez la tabatière dans la main gauche.

3° Frappez sur la tabatière.

4° Ouvrez la tabatière.

5° Présentez la tabatière à la compagnie.

6° Retirez à vous la tabatière.

7° Rassemblez le tabac dans la tabatière.

8° Pincez le tabac proprement de la main droite.

9° Tenez quelques temps le tabac dans les doigts avant de le prendre.

10° Portez le tabac au nez.

11° Reniflez des deux narines avec justesse, harmonie et sans grimace.

12° Fermez la tabatière, éternuez et mouchez.

— Très-joli ; s'écria le commandeur. Ce cher Dubois n'est pas un homme, c'est une chronique vivante du dernier siècle !

— Un causeur charmant! ajouta le marquis.

— La tabatière, reprit M. Dubois sans paraître avoir entendu les éloges qui lui étaient adressés, la tabatière était trop un meuble de conversation pour ne pas chercher à être spirituelle. Beaucoup, sous leur forme ou sous leur couleur, cachaient une malice; on les appelait des tabatières à épigrammes. Du temps du ministre Turgot, dont les réformes économiques furent tant moquéés à la cour, on en fit en carton qui étaient très-plates, et, pour bien montrer qu'elles étaient suivant la mode de ce ministre économe, on les appela des *platitudes* ou *turgotines*. Quand le cardinal Louis de Rohan eut été déchargé de toute accusation de complicité dans la funeste affaire du collier, le public, qui ne croyait pas à cet arrêt d'innocence, mit son opinion en chansons, et en tabatières. On en vit paraître qui, sauf un petit point blanc au milieu, étaient toutes rouges comme une robe de cardinal; cela s'appelait: le cardinal blanchi jusqu'à un certain point.

— Au reste, dit le baron, les tabatières n'étaient pas alors les seules confidentes et complices de la malice publique. Mille choses : des écrans, des galons d'habit, des chapeaux de femmes colportaient pour leur part une dose de satire. Citons quelques exemples: Louis XV eut longtemps pour ministre de la guerre M. le marquis de Monteynard, qui maintes fois reçut sa démission, et toujours se retrouva ministre comme devant. On le renvoyait, il ne voulait pas se croire renvoyé, et, comme le roi était moins obstiné que lui, il restait. Le public s'amusa, toujours à sa manière, de ce singulier jeu de bascule ministérielle. Il mit à la mode des écrans, qu'il appela écrans à la Monteynard, parce qu'ils tombaient et se relevaient d'eux-mêmes. A l'époque de l'exil du parlement et de la faveur du chancelier Maupeou, on fit des galons en imitation d'or, qui furent appelés galons à *la chancelière*. Pourquoi? Parce qu'ils étaient faux et ne rougissaient pas. Enfin, un peu plus tard, en 1781, vint la mode des chapeaux à la caisse d'escompte. Pourquoi encore? Parce que, comme ladite caisse, ces chapeaux n'avaient pas de fond. C'est bien en ce temps-là, convenez-en, qu'on mettait de l'esprit partout.

— C'est vrai, » dit M. Dubois en soupirant.

Le marquis ne dit rien; mais il paraissait jouir d'une félicité parfaite.

« Charmant! charmant! murmura-t-il; c'est là ce qu'il me faut. Cette famille est adorable, et je veux.... »

Il s'interrompit pour offrir du pâté de foie gras à son voisin, le baron de B***.

— Ah! fit celui-ci en acceptant, chaque fois que je mange de ce mets délicat, je songe au maréchal de Contades.

— Pourquoi? demanda le marquis.

— Comment, vous ne savez pas l'histoire du maréchal et celle des pâtés de Strasbourg?

— Non!

— Racontez-nous cela, dit le commandeur.

— Volontiers! fit le baron. Figurez-vous, messieurs, que le maréchal de Contades, commandant militaire de la province d'Alsace depuis 1762 jusqu'en 1788, craignant, à ce qu'il paraît, de se commettre à la cuisine d'une province si nouvellement française, amena avec lui son cuisinier en titre. Il s'appelait Close et était Normand; il conquit dans la haute société de cette époque la réputation d'un habile opérateur. Le cuisinier normand avait deviné, par l'intuition du génie, ce que le foie gras pouvait devenir dans une main d'artiste et avec le secours des combinaisons classiques empruntées à l'école française.

Il l'avait, sous la forme de pâté, élevé à la dignité d'un mets souverain, en affermissant et en concentrant la matière première, et l'entourant d'une douillette de veau haché que recouvrait une fine cuirasse de pâte dorée et historiée. Le corps ainsi créé, il fallait encore lui donner une âme. Close la trouva dans les parfums excitants de la truffe du Périgord. L'œuvre était complète.

L'invention de Close resta un mystère de la cuisine de M. le maréchal de Contades. Tant que dura son commandement en Alsace, le pâté de foie gras ne franchit point sa table aristocratique. Mais le jour de la publicité et de la vulgarisation approchait avec l'orage révolutionnaire qui devait déchirer tant d'autres voiles et entraîner tant d'autres secrets. L'on était en 1788; M. le maréchal de Contades quitta Strasbourg et fut remplacé par le maréchal de Stainville. Close, fatigué de servir un grand seigneur, prévoyant peut-être que les grands seigneurs allaient finir, aspirant d'ailleurs à l'indépendance et amoureux par-dessus le marché, se décida à rester à Strasbourg. Il fit la cour à la veuve d'un pâtissier français nommé Mathieu, qui demeurait dans la rue de la Mésange, et l'épousa. Il confectionna pour le public et vendit officiellement depuis lors les pâtés qui avaient fait les délices secrètes de M. de Contades. C'est de ce modeste laboratoire que le pâté de foie gras est parti pour faire le tour du monde.

Close n'avait cependant que jeté les fondements de sa grande découverte. Un autre cuisinier congédié par la révolution devait la compléter et la perfectionner.

Les parlements venaient de disparaître avec tout

l'ancien régime. Leurs premiers-présidents n'avaient plus guère de goût pour les plaisirs de la table. Celui du parlement de Bordeaux, M. Leberthon, licencia sa cuisine. Le chef de ce laboratoire célèbre vint au hasard chercher fortune à Strasbourg. Il était jeune, intelligent, ambitieux, et formé dans les meilleures doctrines. Il se nommait Doyen.

Après avoir débuté par les plus modestes confections, notamment par les « chaussons de pommes, » dans lesquels il excellait, il s'adonna aux « chaussons de veau haché. » Il gagna une fortune assez ronde qui le mit en état de faire concurrence à Close. J'ignore où était le premier siége de son industrie; mais elle devint hautement florissante lorsqu'il la transporta dans l'ancienne tribu des orfévres, dite à l'Échasse, rue du Dôme.

Doyen perfectionna savamment et consciencieusement l'œuvre de Close, et il doit être considéré comme le second fondateur du pâté de foie gras, comme celui qui en a le plus glorieusement répandu la célébrité et affermi l'empire. Il est le docteur et le pontife de cette phalange de pâtissiers habiles et heureux : les Jehl, les Fritsch, les Müller, les Biot, les Artzner, les Hummel, les Henry, qui soutiennent encore aujourd'hui avec éclat le vieux renom de l'invention succulente de Close le Normand.

— Délicieux!! ravissant! inimaginable!!! s'écria le marquis en se levant. Jamais je n'ai fait un déjeuner aussi agréable! Messieurs, votre conversation si fine et si variée m'a mis dans l'enchantement.

— Il y aura un supplément pour cette séance! glissa le baron à l'oreille du commandeur et de M. Dubois, tandis que ces messieurs passaient dans le salon où était préparé le café.

— Très-bien! répondit M. Gyrloskoff.

— La mémoire est toujours bonne! ajouta orgueilleusement M. Dubois. »

Une heure après les trois convives prenaient congé du marquis, et celui-ci, sonnant à tour de bras, demandait ses chevaux au plus vite.

Le coupé attelé, le gentilhomme se fit conduire chez la baronne de Sainte-Marie, l'amie de la belle veuve, et escaladant lestement les trois étages, il se rua dans l'appartement plutôt qu'il n'y pénétra.

La vieille dame était seule et parut fort surprise de l'irruption du visiteur.

« Bon Dieu! qu'y a-t-il? s'écria-t-elle en levant les bras au ciel.

— Il y a, dit le marquis, que je suis dans l'enchantement, dans le ravissement, dans l'extase ?

— A quel sujet?

— Au sujet de mon prochain mariage!

— Comment, c'est décidé?

— Je viens d'en prendre la résolution dans ma tête.

— Vous vous mariez avec madame de Zermès ?

— Avec madame de Zermès si toutefois elle daigne m'accepter.

— Mais....

— Oh! pas d'objection !

— Cependant permettez-moi de vous demander d'où vient cette résolution si promptement arrêtée, vous qui hier encore sembliez hésiter.

— C'est le déjeuner de ce matin qui m'a décidé irrévocablement.

— Comment, quel déjeuner?

— Celui que j'ai donné aux parents de madame de Zermès.

— Marquis! je ne comprends pas!

— Je vais vous expliquer ma conduite, qui doit effectivement vous sembler bizarre...

— Et l'histoire de l'éventail ? » dit la vieille dame en riant.

Le front du marquis se rembrunit.

« Ne me parlez pas de cela! fit-il en détournant la tête, ou plutôt si, parlons-en! reprit-il en changeant de ton. Je vais, d'un seul et même coup, vous donner la clef de l'énigme.

— J'écoute! » dit la vieille dame.

VI

La Confession

« Vous savez ou vous ne savez pas, commença le marquis en s'adressant à la vieille dame, que j'avais un frère plus jeune que moi d'une année et que j'ai eu la douleur de le perdre en 1858.

— J'ignorais ce douloureux événement, dit madame de Sainte-Marie en s'inclinant.

— Mon frère, reprit le gentilhomme, était un garçon fort aimable et extrêmement crédule. Il était venu habiter Paris, il y a quelques années et tandis que je visitais l'Espagne, il jouissait des plaisirs de votre capitale.

— Il allait dans le monde ?

— Beaucoup.

— C'est singulier... jamais jusqu'au jour où vous me fûtes présenté, je n'avais entendu prononcer votre nom.

— Mon frère se nommait autrement que moi, dit le marquis, nous étions frères de mere seulement.

— Et le nom de votre frère était ?

— Le comte de Ivannof. »

La vieille dame fit un mouvement brusque qui échappa au marquis, mais se remettant vivement.

« En effet, dit-elle, ce nom ne m'est pas tout-à fait inconnu, mais continuez de grâce, mon cher marquis. Vous alliez commencer une confession et je serais désolée de vous voir rester à mi-route sur le chemin de la franchise.

— Le comte, reprit M. de Ximéra, m'écrivait fort souvent. Dans une de ses lettres il m'apprit qu'il était éperdument amoureux d'une certaine dame dont il me faisait un portrait des plus enchanteurs et des mieux détaillés.

— Ensuite ?

— Son amour alla croissant durant plusieurs mois... Il m'annonça même la résolution de se marier et me pressa de me rendre à Paris pour assister à cet acte important de sa vie.

— Vous arrivâtes à grande vitesse.

— Point du tout. J'étais alors au fond de l'Andalousie, et en Espagne on voyage lentement. Je me mis cependant en route, mais arrivé à Madrid, je trouvai une autre épître fraternelle écrite dans un sens complètement opposé aux précédentes.

— Comment ?

— Vous ne devinez pas !

— En aucune façon.

— La statue d'or du comte avait des pieds d'argile, et heureusement pour lui il venait de découvrir cette triste vérité. Sa lettre était une longue diatribe contre le beau sexe en général et l'ex-objet aimé en particulier. Il ne parlait de rien moins que d'aller s'enfermer dans un couvent.

— Qu'avait-il donc appris sur le compte de sa fiancée? demanda la vieille dame en dissimulant à l'aide d'une toux obstinée l'émotion qu'elle ressentait trop visiblement.

— Il avait appris des choses affreuses que je ne puis même vous répéter. Au reste, peu importe aujourd'hui, et là n'est pas la question

— Et vous avez vu cette dame? sans doute reprit madame de Sainte-Marie avec une certaine hésitation.

— Jamais, répondit nettement le marquis.

— Mais vous avez au moins su son nom?

— Pas davantage.

— Quoi! votre frère....

— Ne m'a rien confié par écrit à cet égard. Il appelait sa fiancée d'un simple nom de baptême.

— Et ce nom de baptême était?

— Julie.

— Mais, s'il ne vous a rien confié par lettre, il a dû vous dire de vive voix....

— Rien; je ne revis mon frère que quelques heures avant sa mort. J'avais appris la terrible maladie qui menaçait de l'emporter, et quelque diligence que je fisse, je n'arrivai que pour recueillir son dernier soupir....

— Mais dans les papiers qu'il a laissés.

— Je ne trouvai aucun indice.

— Alors vous ignorez le nom de cette dame qui faillit devenir votre belle-sœur?

— Je l'ignore absolument. »

La vieille dame cessa de tousser et poussa même un profond soupir de satisfaction.

« Voilà qui est bizarre, dit-elle ; mais je ne devine pas...

— Dans quel but je vous fais cette confidence ?

— Je l'avoue.

— Vous allez le savoir. En me parlant de l'objet de son amour, mon frère me disait que sa belle Julie avait pour compagne inséparable une vieille amie ; puis il ajoutait, entre autres paticularités qui l'avaient séduit, que Julie était fort gracieuse et que sa vieille amie avait le talent de jouer de l'éventail d'une façon réellement extraordinaire.

— Ah ! fit madame de Sainte-Marie. Ceci ressemble à l'histoire que nous racontait dernièrement M. Dubois à propos du vicomte d'Ermêlon.

— Cela y ressemble tellement, dit le marquis, que je n'ai pas douté un seul instant que la Julie en question ne fût la personne dont parlait M. Dubois.

— Eh bien ?

— Eh bien.... je suis fort embarrassé pour avouer ma faute....

— Quelle faute ?

— Une faute presque impardonnable que j'ai commise.

— Dites vite !

— Vous me jurez le secret ?

— Sans doute, n'est-ce pas celui de la confession ? » dit la vieille dame avec un sourire des plus engageants.

Le marquis reprit après une pose :

« J'avoue humblement qu'un moment je crus que votre amie madame de Zermès, était la personne dont m'avait parlé mon frère !

— Comment ? vous avez cru cela, marquis ? ah ! c'est mal !

— Je reconnais mes torts, mais le portrait qu'il m'avait fait de la dame de ses pensées, ressemblait tellement à madame de Zermès, que...

— Oh ! fit la vieille dame avec indignation.

— Encore une fois je reconnais mes torts.

— Je m'explique maintenant la triste figure que vous faisiez au Gymnase.

— C'est cela.... j'étais consterné !

— Et maintenant ?

— Maintenant, je suis heureux, car je suis convaincu que je me suis trompé.

— Et comment êtes-vous arrivé à cette conviction ?

— De la façon la plus logique et la plus raisonnable. Mon frère m'avait appris également que la femme qu'il voulait épouser n'avait aucun parent, aucune famille.

— Ah ! ah ! c'est donc pour cela que vous m'avez demandé d'une façon si pressante, de dîner chez Amélie avec ses parents?

— Je l'avoue encore.

— Eh bien?

— Eh bien ! la charmante famille de votre belle amie m'a ouvert les yeux, complètement détrompé. Puis l'histoire de cette dame à l'éventail, débitée par M. Dubois, a achevé de dissiper mes doutes. Comment, en effet, supposer que si madame de Zermès était l'héroïne de cette aventure, un ami intime viendrait la raconter à sa table.

— C'est évident.

— Enfin, lorsque j'ai demandé à M. Dubois une explication sincère, il n'a pas hésité un seul instant à me nommer la personne dont il s'agissait.

— Alors vous voilà, à cette heure, convaincu et repentant?

— On ne peut plus convaincu, on ne peut plus repentant.

— Et voilà tout?

— Non ; je suis autre chose encore.

— Quoi donc?

— Amoureux fou.

— D'Amélie?

— D'Amélie !

— Peste ! Le sait-elle au moins ?

— Je crois qu'elle a deviné l'état de mon cœur.

— Et comment comprenez-vous que cela finisse ?

— Comme cela doit finir, par un mariage. La famille de madame de Zermès m'a séduit presque autant qu'elle-même. Vous savez que j'aime peu le monde, et que j'adore la causerie intime, le coin du feu. Eh bien ! où pourrais-je trouver un entourage plus selon mes goûts que celui que m'apportera madame de Zermès en devenant ma femme ? Ce matin j'ai déjeuné avec ces messieurs, j'en suis encore dans l'enchantement.

— Mon cher marquis, dit madame de Sainte-Marie en se levant, je suis enchantée, réellement enchantée de ce que vous me dites ; car j'adore Amélie et je vous aime sincèrement. Or, si je ne pouvais lui souhaiter un meilleur mari, je ne pouvais désirer pour vous une plus charmante femme, et, puisque vous m'avez fait une confidence, je vais vous payer de la même monnaie. Vous aimez Amélie? »

Le marquis mit la main sur son cœur et leva les yeux vers le ciel.

« Eh bien, continua la vieille dame, Amélie vous aime!

— Elle vous l'a dit? s'écria le gentilhomme.

— Elle me l'a avoué.

— Quand cela?

— Hier.

— O joie! vous êtes la plus sincère et la meilleure des amies; mais faites plus encore!

— Que voulez-vous que je fasse?

— Soyez mon interprète, et obtenez de madame de Zermès la promesse d'accepter ma main. »

La vieille dame marcha dans la pièce et sonna. Un valet parut.

« Une voiture! dit-elle.

— Où allez-vous? s'écria le marquis.

— Chez Amélie. Dans une heure vous aurez une réponse; attendez-moi ici! »

Le marquis saisit les mains de la vieille dame et les pressa sur son cœur avec un transport inexprimable.

Un quart d'heure après, madame de Sainte-Marie faisait son entrée chez madame de Zermès.

« Victoire! cria-t-elle.

— Quoi! fit Amélie en bondissant sur son siége.

— Je quitte le marquis!

— Eh bien?

— Il est chez moi, il attend mon retour avec une impatience fébrile.

— Comment? A quel propos?

— A propos de la demande que je viens vous adresser en son nom.

— Quelle demande? balbutia Amélie en rougissant.

— Voulez-vous être dans trois semaines marquise de Ximéra, n'avoir plus de dettes et jouir d'une grande fortune?

— Si je le veux! s'écria la jolie veuve.

— Alors, dites oui!

— Quoi! le marquis vous a chargée...

— De venir vous demander votre main.

— Ainsi, il m'aime?

— A la folie!

— Et l'éventail?

— Il a pris le change!

— Il ne se doute...

— De rien! donc vous serez marquise et...

— Je m'acquitterai envers vous, dit Amélie en achevant la phrase.

— J'y compte, chère enfant, j'y compte! fit la vieille dame; mais, dites-moi, êtes-vous bien certaine de votre nouvelle famille?

— J'en suis sûre.

— Alors, tout ira bien. Cependant, croyez-moi, veillez sur elle. C'est très-important!

— Je vais écrire au baron que je renouvelle mon abonnement pour un mois.

— Pour deux!

— Pour deux, soit!

— Alors, au revoir, cher ange, le marquis m'attend, et il ne faut pas lui donner la fièvre. » Et faisant une révérence profonde :

« Madame la marquise, ajouta-t-elle, j'ai l'honneur de vous faire mes adieux!

— Au revoir, chère bonne et excellente amie! » dit Amélie dans l'effusion d'une joie qu'elle ne cherchait pas à cacher.

VII

Le contrat.

Deux semaines environ après la journée mémorable dans laquelle le marquis s'était décidé à demander la main de la belle veuve par l'intermédiaire de la vieille et obligeante baronne de Sainte-Marie, le salon de madame de Zermès, splendidedement illuminé, se voyait envahi par une société peu nombreuse, il est vrai, mais qu'à ses allures on reconnaissait pour être des mieux choisies.

Amélie avait eu dans la journée une longue

conférence avec le baron de B..., son utile ami, et à la suite de cette conférence tous deux s'étaient séparés avec les démonstrations de l'entente la plus parfaite et de la joie laplus vive.

« Ainsi, le commandeur aura tous ses papiers? avait demandé la jolie veuve en serrant les mains du baron.

— Tous, madame. Les titres de propriété sont en règle.

— Ah çà! ils sont donc sérieux?

— Parfaitement sérieux. Le notaire le constatera.

— Et ces propriétés sont situées?

— Sur les frontières des provinces danubiennes. Rien ne manque aux titres : les visas des consuls, les cachets des autorités locales, les ventes en langue russe, etc.; ce sera d'un effet parfait, et, vous le voyez, pas trop cher... »

Amélie secoua la tête.

« Dix mille francs! dit-elle.

— Qui vous feront avantager de plus d'un million.

— J'y compte bien!

— C'est donc pour rien!

— A ce soir.

— A l'heure dite.

— Ah ! » fit encore Amélie en retenant le baron qui ouvrait déjà la porte de l'antichambre.

Celui-ci s'arrêta, et se retournant :

« Qu'est-ce donc ? demanda-t-il.

— Madame Ulcorbani assistera à la lecture du contrat ?

— Sans doute.

— Ses larmes ont une grande influence sur le marquis. Une veuve pleurant à un contrat de mariage peut être bien utile ! »

Le baron regarda Amélie.

« Vous avez infiniment d'esprit ! » dit-il.

Amélie sourit en minaudant.

« Vous avez compris ? dit-elle.

— Parfaitement. La veuve attendrissante peut parler de ses malheurs résultant d'un contrat mal fait... De nombreux et âpres héritiers ont enlevé la succession du défunt.... elle est dans la misère.... Ah ! si son mari avait fait en sa faveur une donation, etc., etc.

— Parfait ! dit à demi-voix madame de Zermès.

— Je vais styler la comtesse, lui faire sa leçon, et ce soir vous verrez merveille. Elle m'avait demandé s'il fallait tarir ses larmes pour la circonstance ; mais puisque ses pleurs font impression sur le marquis, elle en versera des ruisseaux.

— Et M. Dubois?

— J'en suis enchanté. Il travaille très-bien. Il continue à apprendre par cœur les chroniques de la *Patrie*, tandis que le commandeur étudie à fond la *Gazette du Nord*. Ils sont très-forts tous deux. Au déjeuner du marquis, ils ont récité chacun un article pris à chacun de ces deux journaux, avec un entrain et une verve admirables.

— C'est que le marquis est enchanté de leur conversation.

— Eh bien! ils brilleront ce soir.

— Et M. d'Ermêlon?

— Il a fait une école avec son histoire d'éventail : il est en voyage... en mission en Egypte. Affaire de Suez..

— Bravo!

— Quant aux deux cousines, elles chanteront.

— Elles ont donc de la voix?

— Beaucoup.

— Mais elles n'en ont jamais parlé devant moi.

— Défense était faite. Il fallait garder les grands moyens pour le bouquet.

— Le commandeur sera en grande tenue?

— Oui. Toutes ses décorations. Il en a acheté trois nouvelles hier chez un brocanteur de la rue Saint-Martin. Une belle occasion.

— Très-bien ! à ce soir !

— A ce soir ! »

Le baron s'était esquivé, et Amélie était rentrée dans ses appartements.

Ne dînant pas pour pouvoir mieux se serrer dans son corset et avoir le teint plus pâle (l'émotion étant de rigueur un jour de signature de contrat) elle avait fait toilette.

Une robe de taffetas rose, des souliers de satin noir, une rose en bouton dans les cheveux, un collier et des bracelets de perles constituaient une parure du meilleur goût.

Elle était réellement ravissante ainsi.

M. Dubois demeura ébloui, fasciné devant elle, et déclara, d'un air tout à fait régence, que le marquis était un heureux coquin.

A huit heures, la famille était au grand complet, moins M. Raoul d'Ermêlon; dont on expliqua l'absence au marquis, lequel arrivait avec un empressement du plus charmant augure.

Les deux notaires étaient attendus à neuf heures. La conversation s'engagea donc.

Le commandeur ruisselant de décorations faisait un effet merveilleux aux lumières.

Chacun le trouvait parfait de grandes manières et de noble simplicité.

M. Dubois, plus vif, plus pétulant, plus causeur encore que de coutume, ne tarissait pas de verve, et charmait la société par son esprit et ses historiettes.

« A propos, fit-il tout à coup, il faut que je vous narre une petite anecdote dont le dénoûment va probablement avoir lieu bientôt en cour d'assises.

— Quelle anecdote? demanda le commandeur avec un certain empressement.

— Un pendant à la biographie de Cartouche.

— Dites-nous cela, monsieur Dubois! s'écrièrent les deux cousines.

— A vos ordres, belles dames! »

Et M. Dubois commença sans plus se faire prier.

« Il y a quinze ans, dit-il, vous voyez que le prologue du drame remonte assez loin; il y a quinze ans vivaient quatre personnages de réputation assez mauvaise, et dont le discrédit était justement mérité, il faut l'avouer.

» Ces quatre personnages étaient les nommés Louis Jobert dit le Paysan, forçat libéré, graveur, âgé de trente-cinq ans; Souque, condamné à l'âge de seize ans à cinq années de travaux forcés, âgé alors de vingt-deux ans; Claude Petit, forçat libéré, tourneur, âgé de vingt-sept ans ; enfin la fille Savry, tapissière, vivant avec Claude Petit. Cette dernière, qui avait été précédemment en service à Sens, avait un goût prononcé pour la toilette, et, dans ses moments d'expansion, disait d'ordinaire que, s'il n'arrivait pas malheur à Claude Petit, avant deux ans elle espérait bien rouler voiture et avoir, comme tant d'autres, un hôtel et un chasseur.

» Pour montrer à Petit et à ses complices qu'ils pouvaient compter sur son dévouement et sa discrétion, elle prenait part dans l'occasion à leurs expéditions aventureuses et leur indiquait souvent quelque coup à faire. Au mois d'octobre dernier elle leur proposa de se rendre à Sens et d'y assassiner deux vieillards, le mari et la femme, dont elle connaissait les habitudes, et qui avaient chez eux une somme considérable.

» La proposition fut acceptée, et Jobert, Claude Petit et Souque, après avoir recueilli d'elle tous les renseignements nécessaires pour s'introduire dans la maison, commettre le double crime, en réaliser le fruit, et disparaître sans être aperçus, se mirent en route. Ils prirent le chemin de fer de Corbeil, pour de là s'embarquer dans les voitures de Melun, Montéreau et Sens. Cette fois un événement imprévu les empêcha de poursuivre leur voyage au-delà de Corbeil. Étant entrés chez le marchand de vin traiteur situé au bout du premier pont, ils trouvèrent l'occasion belle pour s'emparer d'un panier d'argenterie contenant vingt-neuf couverts ; et comme ils avaient dit devant le cabaretier qu'ils partaient pour Melun, la prudence exigea qu'ils revinssent en toute hâte sur Paris par le convoi qui allait partir.

» Mais ce n'était que partie remise, et, le 19 du même mois d'octobre, ils s'embarquèrent de nouveau tous trois pour aller commettre à Sens le crime projeté. Peu désireux, cette fois, de séjourner à Corbeil, ils montèrent dans la première patache qu'ils rencontrèrent, et arrivèrent promptement à Melun. Là ils prirent place dans l'intérieur de la diligence, où se trouvait déjà une dame près de laquelle vint s'asseoir un dernier voyageur, le nommé Richard, réclusionnaire qui venait d'être libéré à Melun le même jour, et qui, ayant choisi le ville de Sens pour lieu de sa résidence, s'y rendait par la voiture publique. Les propos de cet homme, ses cyniques privautés causèrent tout d'abord tant de terreur et de dégoût à la jeune dame, qu'au premier relais, ayant vu Souque descendre de voiture, elle en sortit à son tour, et, s'adressant à lui, le supplia de la prendre sous sa protection, protestant qu'elle était résolue à suivre la grande route à pied jusqu'à ce qu'une autre voiture vînt à passer.

» Souque, âgé seulement de vingt-deux ans, vêtu avec élégance, de haute taille, d'une physionomie distinguée, et qui a reçu de l'éducation, se trouva, selon toute probabilité, ému et flatté à la fois de la confiance qu'il inspirait à la jeune dame. Lorsqu'elle lui eut dit qu'elle était la femme du receveur des contributions indirectes de Chablis, qu'elle portait sur elle une somme de 500 francs, et qu'elle l'assurait d'avance de toute sa gratitude, il n'hésita plus, dit à ses deux camarades qu'il partait en avant tandis qu'on relayait, et qu'il les retrouverait à Sens. Mais ceux-ci ne voulurent pas se séparer ainsi de lui; ils quittèrent leurs places, et se mirent aussi en route à pied par une belle gelée et un brillant clair de lune.

» Ils cheminèrent ainsi quelque temps, lorsque Claude Petit, qui était porteur des outils devant servir à Sens aux effractions, conséquence de l'assassinat projeté, fit signe à Jobert qu'il avait vu le sac d'argent dont était chargée la dame, et qu'ils étaient maîtres de sa vie. Jobert approuva l'avis significativement exprimé par Petit, et il fut con-

10.

venu entre ces deux hommes qu'en arrivant à un petit bouquet de bois, situé en avant de Villeneuve-la-Guyard, l'un d'eux passerait subitement son foulard autour du coup de la dame pour étouffer ses cris, et que l'autre lui fendrait le crâne d'un coup de la pince-monseigneur que Petit avait retirée du sac où elle se trouvait cachée.

» Souque ignorait ce qu'avaient comploté ses deux complices, et déjà on n'était plus qu'à quelques pas du taillis désigné comme théâtre prochain d'assassinat, lorsque la dame, effrayée des regards que Jobert lançait sur elle en roulant entre ses doigts un foulard pour en faire une espèce de corde, implora de nouveau le secours de Souque qui avait continué à lui donner le bras.

» Quelques paroles d'argot furent échangées entre ces trois hommes.

» Souque paraissait prendre vivement la défense de sa protégée : les deux autres insistaient, et la querelle engagée était sur le point de dégénérer en rixe, lorsque l'arrivée d'une voiture, dans le coupé de laquelle Souque se précipita avec la jeune dame, mit fin à cette terrible scène.

» Le soir même du jour suivant, les trois libérés se retrouvaient à l'hôtel de l'Ecu de Sens, mais Claude Petit, qui avait gardé rancune à Souque de ce qu'il l'avait empêché de faire avec Jobert ce qu'il appelait une bonne affaire, profita du moment où le premier s'éloignait de la chambre qu'ils avaient prise en commun pour voler dans la poche de son habit une somme de 800 francs avec laquelle il partit pour Paris, emportant avec lui les instruments dont il était détenteur et rendant ainsi la perpétratation de l'assassinat impossible en son absence.

» Souque et Jobert, furieux, résolurent de se venger. Tous deux s'élancèrent à la poursuite de Petit.

» Celui-ci s'étant arrêté en passant à Melun avait eu le temps et l'audace de commettre un nouveau vol, bien plus important que l'autre. Il s'agissait d'une soixantaine de billets de mille francs qu'il avait enlevés en forçant la caisse d'un banquier.

» Souque le rattrapa comme il sortait, la nuit, de la ville dans laquelle il venait de commettre son larcin.

» Souque, vigoureux et adroit, terrassa Claude Petit et le frappant rudement il le laissa pour mort sur la place.

» Le fouillant alors pour rentrer en possession

de ses 800 francs, il trouva le portefeuille bourré de billets de banque.

» Rendu ivre de joie par cette fortune inattendue, il abandonna le malheureux voleur devenu volé, et convaincu qu'il ne laissait derrière lui qu'un cadavre, il prit la fuite.

» Cependant Claude n'était qu'étourdi et que blessé. Bientôt il reprit ses sens et il se traîna péniblement jusqu'à un champ voisin.

» Jobert, le troisième larron, y entrait précisément au même instant.

» En présence de Claude, il voulut d'abord exiger sa part du vol commis au préjudice de Souque ; mais lorsque le blessé lui eut raconté son aventure, la colère de Jobert se tourna contre son ancien compagnon.

» Jobert et Claude Petit, ne perdant pas tout espoir de rentrer en possession du trésor conquis par Souque, se mirent en route pour Paris.

» Mais là leurs recherches furent vaines et bientôt, en en reconnaissant l'inutilité, ils les abandonnèrent, ne songeant qu'à continuer leur infâme métier.

» Depuis cette époque, Claude Petit et Jobert se livrèrent à tous les actes de brigandage imaginables avec un bonheur insolent. Jamais la police ne put s'emparer d'eux.

» Enfin, il y a huit jours à peine, ils furent surpris tous deux en flagrant délit de vol à main armée, la nuit, avec effraction et tout ce qui s'en suit.

» Arrêtés, interrogés et convaincus, ces deux misérables racontèrent avec un cynisme effroyable tous les détails de leur existence criminelle, sans omettre, ainsi que bien vous le pensez, la fameuse histoire de Souque.

» Cette narration fit dressser l'oreille au juge d'instruction, lequel résolut de savoir ce qu'était devenu Souque. »

— Eh bien? demanda le commandeur en voyant M. Dubois interrompre son récit.

— Eh bien! mon très-cher, l'histoire en est là. Le juge d'instruction ne sait rien encore de précis. Seulement il prétend que les renseignements vagues qu'il a obtenus jusqu'ici vont bientôt le mettre sur la voie.

« Il paraît que ce Souque a vécu longtemps à l'étranger, qu'il est devenu une sorte de grand seigneur avec un titre pompeux, de belles façons et un extérieur parfait.

— Qu'avez-vous donc, monsieur le marquis?

vous paraissez soucieux? dit la comtesse Ulcorbani en s'adressant au marquis ; lequel, contre son habitude, avait écouté le récit de M. Dubois sans prononcer une parole.

— Moi, madame? répondit le gentilhomme en tressaillant, mais je n'ai rien, je vous jure.

— Messieurs les notaires ! » annonça un valet.

Un mouvement eut lieu dans le salon et deux jeunes clercs vêtus de noir et cravatés de blanc firent leur entrée dans le salon, portant chacun sous le bras gauche un gigantesque portefeuille de cuir marron.

Une petite table garnie de bougies avait été préparée au milieu de la pièce.

Les deux clercs saluèrent l'assistance, se dirigèrent vers la table et y prirent place gravement.

Les autres personnages se groupèrent immédiatement autour, le marquis et la jolie fiancée occupant naturellement le premier rang.

Les clercs ouvrirent leurs portefeuilles et en tirèrent des liasses de papiers timbrés.

« Monsieur le marquis ici présent n'a plus ni père ni mère? demanda l'un des clercs.

— Malheureusement, monsieur, répondit le marquis en s'inclinant.

— Il n'a jamais été marié, il n'a aucun enfant naturel, n'a jamais été tuteur et ne possède aucun lien de proche parenté depuis le décès de son frère?

— C'est bien cela, monsieur.

— Nous avons laissé en blanc les actes de donations entre vifs, ajouta l'autre clerc.

— Mais nous allons les remplir, dit le commandeur.

— Ah! fit Amélie, je vous en supplie, mon excellent ami....

— Laissez faire, ma belle! ceci me regarde!

— Mais...

— Insister serait me faire grande peine. »

Amélie baissa la tête en signe de résignation.

« Monsieur le marquis, dit le commandeur en reprenant la parole et en se tournant vers le gentilhomme, monsieur le marquis, je ne sais quelles sont vos dispositions ni vos intentions relativement à l'acte notarié dont on rédige en ce moment les principales clauses, mais je dois vous dire tout d'abord qu'en ma qualité de proche parent de madame de Zermès je me suis réservé le droit de l'avantager autant que ma médiocre position me le permet.

— Monsieur.... dit le marquis.

— Permettez? interrompit le commandeur. Je n'ignore pas ce que ces questions d'argent ont de délicat à traiter, mais elles sont néanmoins d'absolue nécessité, si ce n'est pour créer le bonheur, tout au moins pour le mieux cimenter. Donc laissez moi achever, je vous en prie.

« Je suis l'oncle et le parrain d'Amélie, son seul et unique parent vivant, comme elle est ma seule et unique parente. C'est presque ma fille, je la considère comme telle, et je crois que de son côté...

— Mon oncle! mon second père, s'écria madame de Zermès en se jetant avec émotion dans les bras du commandeur. »

Celui-ci essuya une larme qui aurait pu s'échapper de son œil, précaution qui fut prise pour une marque d'extrême sensibilité.

M. Dubois se moucha pour se donner une contenance. La veuve Ulcorbani poussa bruyamment des soupirs ressemblant à s'y méprendre à des sanglots déchirants. Les deux cousines se voilèrent le visage à l'aide de leurs mouchoirs de batiste. Le baron se détourna pour cacher son émotion.

Les deux clercs, habitués à ces scènes de famille, demeuraient impassibles.

L'un mordillait le manche de sa plume en pensant au prochain bal de l'Opéra, où il devait conduire une certaine blonde dont il avait gagné le cœur en essayant une paire de gants. L'autre, renversé sur son siége et les bras croisés sur sa poitrine, regardait avec une attention des plus galantes le petit soulier de satin de la belle Amélie, laquelle ayant un charmant petit pied avait l'habitude de relever le lé de devant de sa jupe.

Ce qu'il y a de bien certain, c'est qu'aucun des deux futurs notaires ne se préoccupait de ce que disait ce grave et paternel commandeur.

Quant au marquis, il paraissait inquiet, soucieux, préoccupé et il attendait avec une impatience manifeste la fin du discours du parrain de sa fiancée.

Celui-ci reprit après un moment de silence donné entièrement à une émotion bien naturelle :

« Messieurs, ma nièce est mon unique héritière et je tiens dès à présent à la déclarer comme telle d'une façon irrévocable.

— Donation entre vifs ? dit l'un des clercs auquel le commandeur s'était plus directement adressé.

— Donation entre vifs, répéta M. Gyrloskoff J'ai quelque fortune que je tiens des libéralités de

Sa Majesté l'empereur de toutes les Russies, qui a bien voulu reconnaître des services que j'ai été trop heureux de lui rendre.

« Mes propriétés sont situées sur les rives du Danube. Voici les titres que j'ai apportés. »

Le commandeur désigna du geste une liasse de papiers.

« Ces propriétés, continua-t-il, peuvent être estimées environ à huit cent mille livres de France, dont j'entends que le bien-fonds appartienne dès aujourd'hui à ma chère nièce, ne me réservant, ma vie durant, que la moitié des revenus.

— Ah! commandeur! dit le marquis.

— Ah! mon cher oncle! s'écria Amélie.

— Estimable parent! ajouta M. Dubois.

— Que n'ai-je eu ses conseils lors de la rédaction de mon contrat de mariage! fit en pleurant la comtesse italienne, laquelle s'apprêtait à ouvrir le feu de ses jérémiades.

— Ecrivez, messieurs, écrivez que je donne tout à ma chère nièce, » dit le commandeur en se tournant vers les deux clercs.

Depuis quelques instants le front du marquis s'était dégagé des nuages qui l'assombrissaient et le gentilhomme reprenait l'air affable et satisfait qui lui était ordinaire.

— Monsieur le commandeur, dit-il en se levant, j'apprécie comme elle le mérite votre rare générosité, je vous suis entièrement reconnaissant de ce que vous daignez faire pour madame de Zermès, car c'est le marquis de Ximéra qui profitera de vos bontés, et son époux partagera l'affection qu'elle vous porte.

« Au reste, en épousant madame, j'obéis à l'impulsion de mon cœur, sans me préoccuper des intérêts pécuniaires.

« Je n'ai jamais pris le plus léger renseignement à cet égard... je l'affirme sur mon honneur!

— Sublime désintéressement! fit observer le baron.

— Digne des temps antiques! ajouta M. Dubois.

— Ah! Amélie sera bienheureuse! dit en soupirant la comtesse.

— Donc, reprit le marquis, j'accepte pour ma part les dispositions prises par M. Gyrloskoff; mais j'ajoute que non moins désireux que lui d'assurer le bonheur de celle que j'adore, je dispose en sa faveur de toute la portion de mes biens que la loi m'autorise à verser sur sa tête au détriment même de mes enfants.

« Mon notaire a tous mes titres de propriété. La clause sera donc facile à insérer.

— Eh bien! mais voici un contrat comme on en voit peu! s'écria M. Dubois. Quoi! pas la moindre contestation, pas le plus petit motif de brouille entre la famille. Ah! prenez garde, messieurs! vous n'êtes pas de votre siècle!

Le commandeur s'était levé depuis quelques instants et tandis que les deux clercs inscrivaient sur leurs papiers timbrés les donations annoncées, il s'était éclipsé doucement.

Quelques minutes après il rentra dans le salon tenant à la main une petite cassette.

S'approchant de la table, il y déposa ce meuble mignon, et s'adressant à Amélie :

— Voici mon cadeau de noce! dit-il.

— Oh! voyons! qu'est-ce que c'est? » firent toutes les femmes en se précipitant curieusement.

Le commandeur poussa un ressort, le couvercle s'ouvrit, et tous les assistants poussèrent un cri d'admiration : la cassette était remplie à déborder de pierreries étincelantes et non montées.

— Mais il y a là une fortune! s'écria Amélie.

— Amassée au prix de mon sang! répondit le commandeur. C'est le résultat de mes campagnes du Caucase.

Le marquis paraissait muet de surprise et la joie la plus vive se lisait sur le visage de sa jolie fiancée.

Vers onze heures les deux clercs partirent, et le marquis saluant Amélie :

— Madame, dit-il, je n'ai point de famille, il est vrai, mais j'ai un petit cercle d'amis intimes auxquels je serais heureux de vous présenter. Daignerez-vous honorer de votre présence la petite fête que je donne demain soir ? »

Amélie remercia le marquis et convint de se rendre chez lui le lendemain soir, en compagnie de la baronne sa vieille amie.

Les parents de la jolie veuve acceptèrent avec empressement l'invitation du gentilhomme et chacun se sépara.

Le marquis alluma un cigare à la porte de sa fiancée et gagna le boulevard.

A l'angle de la rue Drouot il rencontra un personnage de haute taille et de tournure aristocratique. Tous deux avaient probablement rendez-vous convenu d'avance, à cette heure et en cet endroit; car à peine s'aperçurent-ils mutuellement qu'ils marchèrent l'un vers l'autre, se prirent le bras sans mot dire et commencèrent une promenade sur le boulevard.

Le marquis fumait avec une ardeur extraordinaire, chassant brusquement de ses lèvres bouffées sur bouffées, et s'entourant d'un véritable nuage grisâtre.

« Eh bien? dit tout à coup le compagnon du marquis en rompant le silence qui régnait entre eux depuis l'instant de leur rencontre. Eh bien? cela marche-t-il?

— Admirablement! répondit M. de Ximéra.

— Elle ne se doute de rien?

— De rien absolument.

— Et elle contine son manége?

— Elle tend ses filets avec un art exquis.

— Et toi, que dis-tu?

— Ce que je dis? fit M. de Ximéra en tressaillant. Je dis que jamais je n'aurais pu supposer une telle impudence?

— Ah! cette femme-là est forte!

— Oui! je m'explique maintenant les malheurs de Gaston. Mais sois sans crainte! j'ai promis d'accomplir jusqu'au bout l'œuvre que j'ai entreprise! La vengeance sera complète!

— Cependant tu as l'air soucieux, inquiet.

— Je l'avoue.

— Qu'as-tu donc?

— J'ai... que par moment je trouve cette femme réellement adorable.

— Peste! prends garde! songe à Gaston et à ce que lui a coûté son amour.

— J'y songe aussi, c'est ce qui fait ma force. Pauvre Gaston!

— Alors?

— Alors, j'accomplirai mon œuvre, je te le répète. Viens demain soir!

— Chez toi?

— Oui.

— C'est donc pour demain?

— C'est pour demain. A propos, as-tu vu M. le préfet de police.

— J'ai passé une heure avec lui cette après-midi.

— Il veut bien nous aider?

— L'arrestation n'aura lieu que sur un mot de toi.

— Très-bien! j'écrirai demain matin.

— Es-tu content de ce Philippe?

— Enchanté! Il joue son rôle admirablement. Même quand nous sommes seuls, il reste ce qu'il veut paraître.

— Sais-tu que cela est très-heureux qu'il ait, sans savoir si bien dire, raconté devant toi cette histoire d'éventail?

— Le hasard m'a secouru.

— Et quand tu l'as fait venir chez toi pour le sonder, a-t-il fait beaucoup de difficultés.

— Mais oui, d'assez grandes.

— Qui se sont évanouies?

— Devant un billet de cinq cents francs et une promesse de huit billets semblables pour l'avenir.

— De sorte que maintenant il est tout à toi?

— Tout à moi et prêt à vendre ses frères.

— Et ses sœurs?

— Également.

— Tout va bien alors, à demain soir!

— A demain soir!

— Et ne va pas faiblir! Cette femme est si jolie!

— Je songerai à Gaston, je te le répète encore ;

Les deux amis se quittèrent.

VIII

La punition.

Le lendemain, à sept heures du soir, M. de Ximéra achevait sa toilette lorsque son valet de chambre lui annonça M. Philippe Dubois.

L'ami de la jolie veuve entra discrètement, saluant jusqu'à terre.

Le marquis fit signe au domestique de sortir.

— Monsieur Dubois, dit-il vivement sans offrir un siége au visiteur, je vous dois des remercîments. Vous m'avez fort bien servi et vous vous êtes montré homme d'esprit en quittant le camp ennemi à ma première invitation pour passer dans le mien. Je n'oublie pas ce que je vous ai promis.

Le marquis ouvrant son porte-monnaie en tira deux billets de mille francs chaque et les tendit à M. Dubois, qui les happa lestement sans se faire aucunement prier.

— Maintenant, continua le gentilhomme, vous savez ce qu'il vous reste à faire. Pareille somme vous sera remise si vous continuez à bien me servir. Je vous quitte, je vais recevoir mes invités. Joseph vous donnera tout ce qui vous sera nécessaire.

Le marquis sonna : le valet de chambre parut aussitôt.

— Voici la personne dont je vous ai parlé, dit le marquis. Vous savez ce qui est convenu ?

— Oui, monsieur.

— Donc, je vous laisse ensemble. »

Et M. de Ximéra passa dans son salon, où il recevait ce soir-là une cinquantaine de personnes choisies parmi l'élite de la société parisienne.

A neuf heures madame de Zermès fit son entrée accompagnée par toute sa famille. Tous les regards se fixèrent aussitôt sur elle.

Le marquis la conduisit à un siége.

Amélie, en dépit de sa hardiesse ordinaire, était

assez vivement émue de se trouver ainsi au milieu de cette société dont elle comprenait la distinction exquise.

Le commandeur lui-même portait la main au revers de son habit, et l'on eut dit qu'il cherchait plus à cacher ses nombreuses décorations qu'à les étaler aux yeux de tous.

Les autres membres de la famille louée à la fiancée du marquis semblaient tout aussi peu à leur aise.

Evidemment tous ces gens se sentaient déplacés au milieu de ce monde, et aucun d'eux ne s'attendait à trouver là pareille société.

La baronne de Sainte-Marie s'approcha de M. de Ximéra :

— Mais, dit-elle en minaudant, vous m'avez abominablement trompée, marquis !

— Comment, madame? répondit le gentilhomme.

— Vous m'avez toujours affirmé que vous ne connaissiez personne, que vous étiez étranger à la société parisienne, et je vous vois entouré par ce que l'aristocratie de la capitale possède de plus précieux.

— Oh ! fit le marquis avec une insouciance affectée, ceux qui m'entourent sont de vieux amis et le nombre n'en est pas grand. »

La baronne se pinça les lèvres et lança un regard inquiet à Amélie.

Celle-ci sentait son embarras augmenter à chaque minute, et cet embarras était grandement partagé, nous le répétons, par la famille de la jolie veuve.

Amélie regardait le marquis et ne le reconnaissait plus. Il lui semblait que le gentilhomme ne fût plus le même et qu'il se fût métamorphosé complètement depuis la veille.

Au reste, Amélie ne se trompait pas. Un changement total s'était opéré dans les manières et dans toute la personne de M. de Ximéra.

Ce n'était plus le causeur embarrassé et presque niais que madame de Zermès avait connu tout d'abord, ce n'était pas davantage le facile admirateur de la loquacité de M. Dubois, des hauts faits du commandeur, non plus que l'attendri consolateur des larmes de la comtesse.

C'était un homme du monde, et du meilleur, dans toute son aisance de maître de maison, un véritable gentleman sachant admirablement tenir sa place et montrant à chaque minute un tact inouï et un esprit du goût le plus parfait.

Saisie d'une peur instinctive, Amélie était sur le point de faire retraite sans se rendre compte du sentiment qui la dominait; mais le marquis l'avait entourée d'un tel cercle d'admirateurs, qu'elle ne pouvait espérer s'en échapper lors même qu'elle eût voulu le tenter.

«Et ce cher Dubois? je ne le vois pas, dit le commandeur en s'efforçant de prendre une contenance superbe.

— Il va venir, monsieur, tanquillisez-vous, répondit le marquis; mais je conçois que vous regrettiez M. Dubois : c'est un causeur aimable, la mémoire toujours garnie d'une foule d'anecdotes charmantes, et qui sait singulièrement animer la conversation. Cependant si vous aimez les histoires qu'à cela ne tienne, puisqu'il est absent, je vais m'efforcer de le remplacer, car j'ai précisément un petit récit à vous faire.

— Un récit? s'écrièrent quelques voix.

— Oui, un récit original, car l'histoire qu'il rapporte sera véridique.

— Parlez, marquis, parlez! dit-on de toutes parts.

Le marquis se plaça le dos tourné à la cheminée, dominant ainsi le salon et regardant en face Amélie, la baronne et toute la famille assise en demi-cercle au centre de la pièce.

— Mes chers amis, commença-t-il, il faut d'abord que je vous rappelle un événement douloureux de ma vie : la mort de mon frère. Plusieurs d'entre vous l'ont connu, ce pauvre Gaston, et ceux-là ont pu l'apprécier comme il méritait de l'être.

Gaston avait vingt-quatre ans, dix ans de moins que moi. Il était beau cavalier, enthousiaste, brave, ne doutant de rien et toujours prêt à prodiguer sa jeunesse, sa force, sa vaillance et son esprit.

Venu seul à Paris, tandis que j'étais en Espagne, il se lança dans le monde des plaisirs avec un entrain et une facilité qui devaient incontestablement le conduire à sa perte.

Cependant il avait l'âme droite et le cœur bien placé, et sans doute, après quelques orages passés sur sa tête, le calme se fût fait dans cette organisation trop puissante.

Malheureusement Gaston rencontra sur sa route un démon de la pire espèce, et ce démon devait le pousser dans le gouffre et hâter même sa chute de tout son pouvoir.

Comme bien vous le pensez, ce démon était une femme, jeune, jolie, spirituelle, adorable, mais qui avait mis toutes ces précieuses qualités dont l'avait douée la nature au service des intérêts les plus mauvais et des vices les plus honteux.

Subjugué par les charmes de cette créature sans pudeur et sans conscience, Gaston devint promptement sa proie.

Bientôt il ne vit que par elle, ne vécut que pour elle, et ferma les oreilles aux conseils de ses meilleurs amis.

L'un d'eux surtout, l'aimant sincèrement, et voulant à tout prix l'empêcher de rouler dans l'abîme, résolut de mettre tout en œuvre pour le sauver.

Voyant ses avis repoussés avec perte, il feignit de se rendre aux désirs de Gaston, et ne crut pouvoir mieux le détromper qu'en lui enlevant sa maîtresse.

Celle-ci devina le mobile qui faisait agir l'ami fidèle. Elle eut l'air d'écouter ses propos galants, et jouant son rôle avec une coquetterie infernale, elle parvint à entamer avec l'ami de Gaston une correspondance des plus tendres.

Le moment venu, elle laissa surprendre par mon frère les lettres qu'elle recevait.

Gaston se crut trompé dans son amitié, et furieux, ivre de colère, exaspéré encore par une scène habilement combinée, il courut chez son ancien compagnon de plaisirs, et sans entrer en explication, sans vouloir rien entendre, le provoqua de la façon la plus brutale.

Un duel était devenu impérieusement nécessaire ; il eut lieu, et Gaston tua son ami.

Peut-être le remords allait-il lui faire payer chèrement ce meurtre accompli ; mais l'amour dont l'entoura alors la personne, cause volontaire du duel, étouffa dans son âme tout autre sentiment que celui que lui inspirait cette femme.

Les mois se succédèrent, et Gaston, se ruinant à plaisir, était de plus en plus sous le charme. Bientôt l'argent commença à manquer.

Le démon, qui s'était emparé de lui corps et âme, le jeta dans les griffes des usuriers et des exploiteurs des vices de la jeunesse.

C'est l'histroire d'un doigt passé dans un engrenage... histoire dont nous avons constamment sous les yeux de si funestes exemples.

Que vous dirais-je ? Gaston, entraîné, laissa glisser dans la fange le nom si pur que lui avaient légué ses ancêtres.

Gaston était mon frère de mère, vous le savez encore, de sorte que les taches qu'il faisait à son écusson ne pouvaient rejaillir sur le mien ; mais je l'aimais, et lorsque j'appris ce qui arrivait, je me mis en route pour accourir près de lui et l'arracher à l'opprobre qui le menaçait ; car non-seulement il était tombé bien bas, mon pauvre frère, mais il était menacé de descendre plus bas encore.

La créature qui l'avait ruiné, qui l'avait entraîné hors du droit chemin, qui lui avait fait tuer un homme, son meilleur ami, cette créature l'avait poussé jusque sur une voie infâme...

L'impérieux besoin de l'argent nécessaire pour satisfaire les caprices incessants de cette femme avait conduit Gaston aux tripotages les plus méprisables.

Pour une lettre de change de dix mille francs, un procès en police correctionnelle était sur le point d'être entamé.

Nombre de fois la maîtresse de Gaston avait insinué le désir ardent de devenir sa femme, mais un reste de respect pour le nom de ses aïeux lui avait toujours fait rejeter ce vœu, souvent nettement formulé.

Celle qui visait à devenir grande dame ne pardonnait pas à Gaston ses refus longuement motivés.

Un jour, poussée à bout par la résolution inébranlable de Gaston, furieuse de ne pouvoir vaincre la résistance obstinée de cet homme qu'elle était habituée à gouverner à sa guise, elle manqua de prudence et se laissa voir dans toute sa honteuse infamie.

Pièces en main, elle plaça Gaston entre la honte de la police correctionnelle et celle plus grande encore de lui donner son nom en partage.

Ce jour-là Gaston vit clair. Il ne dit rien, mais la nuit venue il s'empoisonna.

J'arrivai pour recevoir son dernier soupir et jurer vengeance sur son lit de mort. »

Le marquis s'arrêta. Chacun l'écoutait en frémissant. Amélie, pâle, défaite, respirant à peine, semblait avoir subi sur son fauteuil le destin de la femme de Loth.

La baronne verdissait et rougissait tour à tour.

Le commandeur, le baron et leurs acolytes ne comprenant rien à ce qui passait, n'en étaient pas moins saisis d'une vague inquiétude.

Un silence général et pénible régnait dans le salon.

— Je ne savais point le nom de la femme qui avait perdu mon frère, reprit M. de Ximéra, et je ne voulus le demander à personne. Il me semblait que la vengeance que je devais tirer de la misérable fin de Gaston ne devait provenir que de moi seul, que je devais agir sans aide et sans secours.

Mais l'œuvre à accomplir était difficile.

Il est des crimes que la loi ne punit pas, et celui commis par la maîtresse de Gaston était du nombre de ceux-là.

Tout ce que je connaissais d'elle était son prénom, qui ne m'apprenait pas grand'chose, et un certain détail à propos de manœuvres d'éventails qui, dans toute autre circonstance, ne m'eut nullement semblé dénué d'originalité.

Cette femme, qui ne poursuivait d'autre but que la honteuse exploitation de l'amour qu'elle inspirait par sa beauté, avait pour amie, ou plutôt pour associée, une autre femme plus âgée qu'elle et qui la dirigeait dans la route qu'elle avait prise. Cette amie était chargée de tenir le livre des renseignements, et la jeune femme, une fois en présence d'une proie à saisir, l'associée conduisait l'attaque à l'aide d'une innocente manœuvre d'éventails, manœuvre faite avec une précision infernale.

Ce renseignement pouvait me mener sur la voie.

Effectivement je m'y lançai bientôt.

Punir une femme, quelque coupable qu'elle soit, est chose délicate pour un homme du vrai monde.

J'hésitai longtemps sur le parti à prendre, puis enfin je m'arrêtai à celui qui me parut le plus convenable.

Je voulus rendre honte pour honte, et si bien châtier cette créature qu'il ne lui fût plus permis de faire des dupes nouvelles.

Seulement il fallait descendre bien bas pour jeter la honte sur un front habitué à ne jamais rougir.

Je voulus plus encore, cependant; je resolus de faire naître dans l'âme de cette créature insatiable des espérances telles, que le jour où elles se briseraient la déception broierait son cœur, comme l'amour inspiré par elle avait broyé celui de mon frère.

J'entrepris une ingénieuse et hardie mystification, tout en paraissant être le mystifié.

Je me mis en relation avec la vieille amie de cette femme, créature aussi perverse qu'elle, et fondant sur l'avenir réservé à sa beauté les chances d'une fortune à établir. A l'aide d'une confidence que je feignis d'adresser à celle-ci, je m'assurai que je ne me trompai pas et que j'avais rencontré juste.

Alors je suivis mon plan tracé d'avance.

Je me fis passer pour un imbécile facile à duper, et les choses allèrent d'elles-mêmes.

Bientôt on tendit autour de moi des filets dans lesquels je fis semblant de me laisser englober;

on plaça sous mes pas des traquenards dans lesquels je feignis de tomber ; on prodigua les piéges et à tous on crut m'avoir pris.

« Mais pardon ! fit le marquis en s'interrompant brusquement, je ne vous ai pas réunis, mes bons amis, pour vous raconter une histoire, mais bien pour vous faire part de mon prochain mariage. »

Le marquis s'avança vers le commandeur.

« Permettez-moi, d'abord, et avant de vous présenter ma fiancée, de vous présenter sa respectable famille.

Messieurs ! monsieur le commandeur Gyrloskoff... »

Le marquis faisant brusquement un pas en arrière, tira le cordon de sonnette placé près de la cheminée.

Le commandeur s'était profondément incliné ; mais la porte du salon s'étant ouverte brusquement, quatre hommes assez mesquinement vêtus et porteurs de figures des plus rébarbatives s'étaient lestement glissés dans la foule.

Au moment où le commandeur se redressait, l'un des quatre nouveaux arrivés lui posait rudement sa large main sur l'épaule :

« Au nom de la loi, dit-il, je vous arrête !

— Hein ? » fit le commandeur stupéfait.

L'assistance recula frappée de stupeur.

« Messieurs..., messieurs..., balbutiait le commandeur, en vérité vous vous trompez..., vous faites erreur..., je suis le commandeur Gyrloskoff, sujet de Sa Majesté l'empereur de toutes les Russies, et....

— Toi! interrompit celui qui venait de saisir au collet l'oncle improvisé de la jolie veuve, tu es sujet de l'empereur des Français et passible de la cour d'assises ; tu ne t'appelles pas Gyrloskoff, tu portes illégalement les décorations qui s'épanouissent sur ta poitrine. Tu te nommes Souque et tu es accusé de vol et de tentative d'assassinat. Allons! lestement! »

Et l'agent de police aidé par ses trois compagnons enleva en deux temps le commandeur, sur lequel se referma la porte du salon.

Amélie, plus morte que vive, aurait voulu s'évanouir; mais elle ne pouvait y parvenir.

« Oh! oh! dit le marquis demeuré impassible au milieu de l'émotion produite par l'arrestation inattendue du commandeur; oh! oh! j'ai failli avoir là un oncle comme on en désire peu.... Mais les fautes sont personnelles et le commandeur, s'il n'est qu'un misérable voleur et un infâme assassin, ne doit pas pour ses crimes faire courber le front à sa famille entière.

Je continue donc la présentation :

M. le baron de Boisjoly, madame la comtesse Ulcorbani, mesdemoiselles ***, ses cousines germaines, et enfin la vénérable baronne de Sainte-Marie. »

Et le marquis, imitant le mouvement qu'il avait précédemment accompli, donna un second coup de sonnette.

Un valet en grande livrée entra.

« Ah ! ajouta M. de Ximéra en faisant signe au valet d'avancer, j'oubliais ! Monsieur Philippe Dubois, un vieil ami de ma future. »

Le valet, qui n'était autre en effet que M. Dubois, s'inclina profondément ; puis relevant la tête et regardant la comtesse, la baronne et les deux cousines :

« Peste ! fit-il, on voit que nous sommes en carnaval. M. le marquis autorise l'antichambre à paraître au salon.

» Si je ne me trompe et je ne me trompe pas, voici Mariette et Jeanneton, deux filles de chambre de feu mon ex-maîtresse la danseuse de l'Opéra.

« Eh ! ajouta-t-il en s'adressant successivement

à la comtesse et à la baronne, c'est vous, Clara, la veuve du 85ᵉ de ligne, et vous, mère Baptiste, l'ancienne demoiselle de comptoir du liquoriste de la rue Saint-Antoine.

» Tiens! monsieur Jacquot (et le valet se tourna vers le baron)! Votre maître le banquier ne vous a-t-il pas chassé, il y a deux ans, pour avoir retrouvé dans votre chambre un portefeuille qu'il avait égaré et que vous aviez serré par mégarde dans votre malle? »

Le valet s'arrêta : un silence profond régnait dans le salon. La stupéfaction de chacun augmentait à chaque phrase dite, à chaque mot prononcé.

Le marquis jouait une extrême confusion.

« Ah! mes bons amis, s'écria-t-il, pardonnez-moi de vous avoir ainsi mis en contact avec ceux que vous entourez. »

Puis élevant la voix :

« Allons, fit-il d'un ton impérieux, qu'on balaie cette canaille! »

Cinq ou six valets accoururent, et, suivant l'expression du marquis, en un clin d'œil le salon fut nettoyé.

Alors se tournant vers Amélie, M. de Ximéra ajouta :

« Messieurs, voici la femme qui espérait devenir marquise de Ximéra. Faut-il vous dire que c'est
cette créature qui a causé la mort de mon frère ?
Je crois avoir accompli maintenant mon vœu de
vengeance. Pardonnez-moi de vous avoir fait assister à ces scènes ignominieuses. »

Amélie était évanouie, il fallut l'emporter.

ÉPILOGUE.

Vingt-quatre heures après l'exécution accomplie par le marquis, madame de Zermès et sa respectable amie la baronne de Sainte-Marie, toutes deux parfaitement remises de leur émotion de la veille, prenaient place dans le train de grande vitesse courant vers le Havre.

Un navire était en partance pour l'Australie, et Amélie avait appris que dans ce pays doré les maris ne se montrent pas fort difficiles sur le choix de leurs compagnes.

La baronne aimait trop Amélie pour se détacher d'elle. Madame de Zermès lui devait cinq mille francs, et ces cinq mille francs étaient hypothéqués sur les charmes de la plus que jamais jolie veuve.

Le baron de B.... fit d'abord un plongeon de quelques jours. On le crut mort ou tout au moins expatrié; mais Paris n'a pas son deuil à porter; le baron a reparu dans le monde et il a repris son commerce, qu'il espère bien voir fructifier.

Avis à ceux qui ont besoin d'amis à l'heure ou au mois, ou qui désirent posséder à leur table quelques causeurs aimables et convenablement vêtus.

La veuve Ulcorbani a changé de nom et se nomme à cette heure la marquise della Mérida.

Elle ne pleure plus, elle est d'une gaieté folle, et le baron la présente comme la fille majeure d'un riche Brésilien.

Ses deux cousines sont devenues ses deux jeunes sœurs.

Quant à M. Dubois, il porte encore la livrée du marquis et se promet bien de ne plus la quitter. Cependant, comme on ne sait ce qui peut arriver, il continue à apprendre par cœur les chroniques de *la Patrie*.

Le commandeur a retrouvé ses deux amis Jobert et Claude Petit, lesquels lui ont pardonné généreusement son incartade, et tous trois se promettent une heureuse existence pour l'avenir, dès que les portes de la prison se seront ouvertes devant eux.

AVENTURES D'UN SAVANT.

12.

I

Où le lecteur se voit forcé de convenir qu'une promenade matinale est chose agréable.

Quel est celui qui, aux premiers rayons d'un soleil sans nuages, par l'une de ces splendides matinées du mois de juin, libre d'esprit, dispos de corps, n'a suivi, seul à seul avec sa pensée, les bords capricieux d'une belle rivière serpentant au milieu d'une vaste prairie, ou s'enfonçant sous les vertes arcades d'un bois au feuillage touffu?

Si, parmi nos lecteurs, il s'en trouve un seul qui

n'ait pas su encore goûter ce bonheur apprécié de tous, nous le plaignons sincèrement.

Qu'il se hâte, s'il est jeune surtout, s'il a dans le cœur une parcelle de ce reflet divin que l'on nomme poésie, qu'il se hâte ; car il n'est pas, au milieu des jouissances que prodiguent les villes civilisées, un plaisir comparable à celui de se trouver seul en face du brillant spectacle de la nature à son aurore.

Il suivra comme dans un songe, son imagination voltigeant avec les esprits des eaux sur ce brouillard du fleuve qui court, s'arrête, s'envole, revient et s'étend sur la rive, déposant au passage une perle virginale sur la feuille du langoureux nénufar.

Il verra, à chaque pas, s'entr'ouvrir les calices de ces milliers de fleurs que la nature bienfaisante s'est plu à semer dans l'herbe verte, comme la main d'un enfant qui laisserait tomber au hasard des cascades de diamants, de rubis et d'émeraudes Il aspirera avec délices la brise embaumée qui porte sur ses ailes l'âcre senteur émanant des premières feuilles. Sa poitrine, élargie, laissera battre en liberté son cœur bondissant.

Et il bénira la Providence qui a fait si belle et si heureuse, en face de la nature, cette vie que les hommes ont pris à tâche d'étouffer et d'enlaidir en la parquant dans les villes.

Pardon, cher lecteur, de cette petite digression ; mais, si nous la plaçons en tête de ce chapitre, nous n'avons pas la prétention de vous en offrir les prémices.

Elle a été faite avant, longtemps avant que nous n'ayons eu la pensée de la laisser éclore sous notre plume.

Si bien qu'il y a environ cent dix-huit ans, c'est-à-dire en 1742, par une fraîche et belle matinée de printemps, un jeune homme, suivant à pied les rives gigantesques de l'Elbe, faisait, tout en monologuant, des réflexions semblables en s'avouant qu'elles avaient dû venir à bien d'autres avant lui.

C'était un beau et grand garçon de vingt-trois ans, blond comme tous les Allemands, au grand œil bleu intelligent et profond, au regard hardi et scrutateur, au front large et élevé, aux allures franches, marchant bien et d'un pas régulier, comme tous les hommes justement pris dans leur taille.

Son costume était celui d'un modeste artisan. Il portait au bout d'un bâton un havre-sac de toile, meuble paternel déjà consacré par trois générations, nécessaire de voyage de la famille, contenant les nippes de rigueur et les provisions de la journée.

Notre voyageur avait quitté au lever du jour la petite ville d'Ekerburg, où il avait passé la nuit. Depuis deux heures il suivait gaiement les bords de l'Elbe, admirant les richesses du paysage, et de temps à autre exprimant sa gaieté par quelques-unes de ces interminables chansons patriotiques chères aux étudiants en général, et à ceux de l'Allemagne en particulier.

A l'endroit où il était arrivé lorsque nous commençons notre récit, c'est-à-dire au sommet d'une petite colline qu'abritait un groupe de chênes séculaires, l'Elbe changeait la direction de son cours, et, tournant brusquement à droite, poussait une pointe vers l'intérieur de la Saxe.

« Ah! ah! fit le jeune homme d'un air mélancolique en constatant ce brusque changement de route, il paraît, mon brave fleuve, que c'est ici que nous devons nous adresser nos adieux. Voici presque trente lieues que nous faisons de conserve, et il faut nous séparer. Il ne sera pas dit que de vieux amis de quatre jours comme nous se soient quittés si brusquement. Joachim n'est pas ingrat. Un dernier déjeuner ensemble avant que la séparation ne s'accomplisse! A l'ombre sous ces beaux arbres, assis sur cette herbe verte, je serai plus heureux qu'un roi sur son trône, voire même que Sa Majesté le grand roi Frédéric II, auquel je n'envie qu'une seule chose, son intimité avec M. Arouet de Voltaire.

Voltaire! quel beau nom et quel avenir encore!

Ah! poursuivit-il avec un soupir, que le génie est grand! que la gloire est noble! N'aurai-je donc jamais droit à une de ces couronnes immortelles que la postérité place sur un buste de marbre? »

Puis, après être demeuré quelques minutes immobile, le front penché, il releva vivement la tête, secoua ses longs cheveux, qui descendaient sur le collet de son habit, et, poussant un nouveau soupir :

« Déjeunons! » dit-il.

Sur ce, notre enthousiaste d'avenir, qui paraissait si avide de renommée, s'assit le plus commodément possible sur un petit monticule formé par les racines supérieures d'un gros chêne, le dos appuyé au tronc, les pieds allongés sur l'herbe et la tête abritée par un rameau du vieil arbre.

Placé comme il l'était, il avait devant lui un spectacle véritablement féerique.

Toute la vallée de l'Elbe se déroulait devant ses yeux comme un panorama magnifique.

Nous avons dit qu'à cet endroit le fleuve formait un angle au sommet duquel le jeune homme se trouvait assis. A sa gauche, une suite de coteaux frais et verts, dorés par les premiers rayons du soleil qui s'avançait rapidement sur l'horizon, bordait les rives de l'Elbe, le suivant dans sa course impétueuse jusqu'à la hauteur de la ville de Roslau, semblable à ces larges maillons d'or encadrant un collier de diamants.

Le brouillard qui se dissipait de minute en minute, chassé par des flots de lumière, permettait de distinguer au loin, et comme dernier plan du tableau, les clochers et les toitures élevées de la petite ville. A droite s'étendaient à perte de vue ces belles plaines de la Saxe que la guerre devait, quelques mois plus tard, souiller de sang et encombrer de cadavres.

En face arrivait blanc d'écume, se tordant dans son lit comme s'il en eût voulu briser les digues, le grand fleuve qui, probablement pour laisser à Joachim plus de regrets et de souvenirs au moment de la séparation, étalait à ses yeux éblouis des milliers de petits îlots frais et fleuris, lesquels, par un majestueux effet de lumière, semblaient à chaque instant sortir de son onde.

Joachim, disons-nous, demeura quelque temps dans la position que nous avons décrite, le regard fixé sur ce merveilleux tableau, la pensée suspendue, tant la contemplation semblait avoir absorbé tout son être.

« Que sont donc la gloire, le talent, la science ! s'écria-t-il enfin emporté par un élan de son cœur, à côté de ce que les hommes ont chaque jour devant les yeux? Quelle œuvre, quelle découverte, quelle invention peuvent lutter avec cette paquerette fleurissant au bout d'un brin d'herbe? Et pourtant, continua-t-il en attirant son havre-sac entre ses jambes et en se disposant à l'ouvrir, qu'est-ce encore que la nature, malgré tout son luxe et toutes ses richesses, comparée à ce rustique morceau de pain, façonné par le boulanger, pour un estomac qui crie famine ?

« Ah ! quelle leçon pour notre orgueil et comme Dieu a bien su nous rappeler toujours à notre origine misérable en nous astreignant aux mêmes besoins que la brute ! Certes, nous sommes organisés d'une façon bien humiliante pour notre amour-propre ! »

Sur cette conclusion philosophique notre jeune

13

homme étala sur ses genoux un gros pain bis et un appétissant morceau de lard.

« Manger ! manger comme les animaux les plus immondes ! Abaisser les facultés intellectuelles aux nécessités de la matière ! Quelle calamité ! reprit le spiritualiste voyageur en engloutissant une énorme tranche de lard suivie d'un non moins volumineux morceau de pain. Et dire qu'il n'y a point moyen de lutter ! Que pour que l'esprit soit libre et intelligent il faut rassasier le corps ! Bien décidément, c'est humiliant ! »

Tout en continuant de la sorte à déplorer cette humiliation que son estomac semblait loin de partager, Joachim termina son frugal mais copieux repas.

Il descendit ensuite au bord du fleuve, plongea dans l'onde pure et limpide un petit gobelet de fer battu qu'il tira de sa poche, avala coup sur coup deux ou trois rasades, se lava les mains, se secoua, regarda le ciel de cet air calme et heureux qui atteste un profond contentement de soi-même et une grande foi dans l'avenir, puis s'adressant encore à l'Elbe.

« Adieu ! mon vieil ami, dit-il ; adieu ! ou plutôt au revoir, car je ne t'oublierai jamais, toi, mon premier compagnon de route au début du voyage, et tu me reverras un jour ! Va, quelques merveilles que me promettent Paris et la France, quelques beautés que m'offrent Rome et l'Italie, je garderai toujours de toi, au fond de mon cœur, le souvenir de tes rives enchantées. Tu vivras éternellement dans la pensée de Joachim, car toi, mon beau fleuve, toi, c'est l'Allemagne, toi, c'est la patrie ! »

En terminant ces adieux, le jeune voyageur essuya du revers de sa main une larme qui roulait humide sur le bord de sa paupière.

Il jeta un dernier regard sur le paysage qui se déroulait à l'horizon et remontant au pied du chêne, il rattacha son havre-sac, le passa de nouveau au bout de son bâton, appuya le bâton sur son épaule et descendit vivemeut le versant de la colline.

A deux cents pas environ devant lui, on apercevait une route qui coupait la plaine en ligne presque droite, semblable à un large ruban posé à plat au milieu de la campagne.

Joachim l'atteignit rapidement. En posant le pied sur la chaussée, il sembla un moment indécis. Regardant alternativement devant et derrière, il ne voyait rien à l'horizon qui pût lui indiquer le côté qu'il devait prendre.

« Diable ! murmura-t-il en s'arrêtant. Pour longer plus longtemps le fleuve je me suis écarté de la grande route et je serais fort embarrassé pour dire s'il me faut tourner maintenant à droite plutôt qu'à gauche. Si j'étais à cheval je consulterais l'instinct de ma monture en la laissant agir en liberté, mais je suis à pied et mon instinct à moi ne me dit rien du tout. »

En ce moment un de ces chants plaintifs, rhythmé largement comme les campagnards en ont le secret, se fit entendre dans le sentier voisin.

Joachim se retourna et il vit, s'avançant vers lui, un de ces paysans saxons dont le costume n'a pas varié depuis deux siècles. Cet homme était appuyé sur le joug de deux bœufs magnifiques traînant à pas lents un grand chariot chargé de foin.

Joachim le laissa approcher davantage ; puis, lorsqu'il fut à portée convenable :

« Eh ! mon brave homme ! » cria-t-il au paysan.

Celui-ci, sans paraître se soucier le moins du monde de l'interpellation, continua sa marche lente, et ce ne fut qu'arrivé à quelques pas du voyageur qu'il se mit en devoir de lui répondre.

Arrêtant ses bœufs, qui profitèrent de ce moment de répit pour tâcher, mais en vain, de brouter l'herbe odoriférante dont les senteurs parfumées chatouillaient fort agréablement leurs nerfs olfactifs :

« Que voulez-vous? demanda-t-il avec cet accent guttural particulier au pays qu'il habitait.

— La route de Leipsig? répondit Joachim.

— Elle est devant vous. »

Le paysan indiquait du bout d'une longue branche, dont il se servait pour stimuler l'ardeur de ses bœufs, la partie du chemin à laquelle le voyageur faisait face.

« Combien y a-t-il d'ici à la ville? demanda encore Joachim.

— Sept heures de marche.

— Merci. »

Et le jeune homme, saluant le paysan, se hâta de reprendre sa route.

« Sept heures de marche! dit-il tout en cheminant. Il paraît que je me suis arrêté trop longtemps ce matin; c'est à peine si je pourrai arriver avant le coucher du soleil!... Ah! bah!... après tout, rien ne me presse, et comme je suis libre de mes heures, je ne vois pas pourquoi je regretterais celles que j'ai données au plaisir de suivre le fleuve plus longtemps que je n'aurais dû. Oui, mais si je gaspille ainsi mon temps, aurais-je assez d'argent pour arriver au bout du voyage? Voyons un peu ce qu'il me reste, continua-t-il en tirant de sa poitrine une petite bourse en cuir jaunâtre, fort efflanquée, hélas! Cinq frédérics d'or, près de cent vingt-cinq livres de France!... Allons! avec un tel trésor, j'ai de quoi vivre et voyager longtemps, et quand je n'aurai plus rien... eh bien! je travaillerai pour pouvoir continuer ma route!... Dieu ne m'abandonnera pas!... »

Maintenant, si le lecteur le permet, nous allons laisser Joachim suivre, dans ces heureuses dispositions d'esprit, le chemin qui doit le conduire à Leipzig, et nous dirons en quelques chapitres ce qu'il est, et dans quel but il faisait ainsi, seul et à pied, un voyage aussi long que celui qu'il venait d'entreprendre, car en adressant ses adieux à l'Elbe, il a laissé échapper, rappelons-nous-le, les noms de Paris et de Rome, le nom de la France et celui de l'Italie.

II

Jean le Sans-Souci.

Trente ans environ avant l'époque où commence cette histoire, c'est-à-dire vers 1712 ou 1713, vivait à Stendal, petite ville du Brandebourg, un pauvre ouvrier armurier nommé Jean de son nom de baptême et le Sans-Souci du surnom que lui avaient donné ses camarades, à cause de son caractère toujours égal, toujours joyeux dans la bonne comme dans la mauvaise fortune.

Disons-le vite, la mauvaise occupait la plus

grande partie de l'année ; à vrai dire même, elle l'occupait tout entière. Le travail suffisait à peine à la nourriture quotidienne de l'ouvrier, et plus d'une fois il dut mettre en pratique cette maxime célèbre qui, pour être vieille, n'en est pas plus consolante. « Qui dort, dîne. »

Malgré cela, Jean se portait à merveille, chantant toute la semaine, y compris le dimanche, égayant ses amis par ses gais propos et son humeur joviale, et réputé parmi la partie humble de la population de la ville pour un aimable et franc compagnon.

Aussi n'y avait-il de partie complète qu'autant que le Sans-Souci en faisait les honneurs. Une fête avait-elle lieu, on ne manquait jamais d'aller quérir le joyeux armurier, qui apportait toujours un estomac vide, mais, en revanche, une mémoire garnie de chansons.

Simple et bon, sans cesse prêt à obliger, partageant sa bourse, lorsque par un hasard inattendu elle n'était pas complètement vide, avec plus pauvre que lui, Jean, nous le répétons, était adoré de ses camarades et fort bien vu des jeunes filles de Stendal dont il célébrait souvent les charmes par des couplets impromptus dans lesquels les règles de la prosodie étaient singulièrement observées.

Notre brave Allemand vivait donc aussi heureux que peut l'être tout homme ne possédant pas un kreutzer et plus heureux souvent, plus gai toujours que les grands seigneurs dont il avait admiré les riches équipages et les somptueuses demeures pendant un séjour qu'il avait fait à Berlin vers 1708.

Une seule chose, parfois, faisait soupirer le pauvre ouvrier : c'était de se retrouver seul dans sa modeste chambre lorsqu'il venait d'assister à quelque fête où maris et femmes célébraient leur amour.

Jean désirait une compagne; Jean voulait léguer aux générations futures une postérité riante qui éternisât sa joyeuse humeur.

Un jour qu'il assistait au repas de fiançailles de l'un de ses meilleurs amis, Jean se trouva placé, par hasard, à côté d'une jeune fille blonde, blanche et rose dont le grand œil bleu porta un trouble subit dans le cœur de son voisin.

Après le repas on dansa. Jean, en garçon bien appris, invita la jolie fille. Au bout d'une demi-douzaine de valses, la belle danseuse se retira avec une dame qui paraissait être sa parente.

L'armurier, mettant en œuvre tout ce que la nature lui avait départi de galanteries, insista pour accompagner les deux femmes jusqu'à la porte de leur demeure. En rentrant chez lui, il fut contraint de s'avouer que son cœur était resté avec sa valseuse.

Le lendemain, de grand matin, car on pense qu'il dormit peu, il s'informa. La jeune fille était une simple ouvrière en dentelles, habitant chez sa vieille tante et possédant dans tout le quartier une réputation sans tache.

D'ouvrière en dentelles à ouvrier armurier, la distance n'était pas tellement considérable qu'on ne pût avoir l'espérance de la combler. La fortune seule pouvait être un obstacle.

Nouvelles informations de la part de Jean : la jeune fille ne possédait rien. Grande fut la joie de l'amoureux.

Le lendemain il se trouva sur le passage de celle qu'il aimait. En l'apercevant, la jeune fille rougit et Jean, tout décontenancé, ébaucha un salut des plus gauches. D'un magnifique discours qu'il avait préparé la veille, il ne put retrouver que les premiers mots, qui furent :

« Mademoiselle Marguerite... »

La jeune fille se nommait ainsi.

« Monsieur Jean, » répondit la jeune ouvrière.

Elle non plus n'en put dire davantage, et tous

deux restèrent en face l'un de l'autre sans ajouter un mot.

La situation devenait embarrassante. Heureusement l'ami de Jean, celui aux fiançailles duquel il avait assisté et dont il avait fait le confident de ses amours, cet ami, disons-nous, vint à passer.

En voyant les deux jeunes gens il courut à eux.

« Eh bien ! s'écria-t-il gaiement, à quand la noce ?

— La noce ! balbutia l'armurier, tandis que sa compagne passait subitement du rose vif au cramoisi, et que sa douce physionomie s'empourprait sous ses bandeaux de cheveux blonds.

— Eh oui, la noce ! reprit l'ami, qui jouissait de leur embarras.

— Dame ! je ne sais pas, répondit Jean.

— Tu n'as donc rien dit ?

— Rien du tout. »

Marguerite fit un mouvement pour se retirer.

« Ne vous fâchez pas, mademoiselle, dit Jean avec vivacité, nous n'avons pas l'intention de vous offenser ; mais c'est bien vrai que je vous aime.... vrai comme je crois en Dieu, et si vous vouliez de moi pour mari, dame ! je vous rendrais bien heureuse !

— Monsieur... balbutia Marguerite en baissant

les yeux, ce n'est pas à moi qu'il faut dire cela, c'est à ma tante; elle m'a servi de mère, et je dépends d'elle.

— Voulez-vous me permettre de vous accompagner chez elle? demanda l'amoureux armurier qui avait enfin retrouvé tout son aplomb.

— Non, non! répondit Marguerite; ma tante ne trouverait peut-être pas cela très-convenable; mais, je crois que si vous veniez ce soir vous seriez bien accueilli, » ajouta-t-elle avec un doux sourire et en s'échappant vivement.

Jean n'ayant personne autre que son ami sur lequel il pût épancher toute l'ivresse de son cœur, le saisit dans ses bras et l'embrassa à plusieurs reprises.

En véritable appréciateur des circonstances heureuses, Jean était un garçon fort actif. Si la fortune fût passée près de lui, nul doute qu'il ne l'eût saisie par l'oreille.

Le soleil se couchait à peine que, revêtu de son costume des dimanches dûment brossé et repassé, tenant à la main un bouquet de fleurs cueillies dans le jardin d'un herboriste voisin, et dans lequel bouquet la rhubarbe et le pavot jouaient un rôle important, Jean frappait à la porte de la tante de Marguerite.

Il trouva une petite chambre bien proprette et bien rangée, ce qui lui réjouit fort le cœur. Dans cette chambre, Marguerite était assise auprès de sa tante. Jean offrit son bouquet à l'une et ses respects à l'autre.

La jeune fille accepta les fleurs en tremblant un peu, la vieille dame reçut les respects d'un air digne. Evidemment Marguerite avait parlé. Jean prit un siége, débuta par quelques phrases banales plus ou moins entortillées, puis, prenant son courage à deux mains, il alla droit au but.

Il exposa d'abord sa position sociale, laquelle consistait en l'exploitation de son industrie d'armurier; il parla de sa fortune, composée de douze florins et dix-huit kreutzers ; enfin il termina par la demande officielle de la main de Marguerite.

Il lui fut poliment répondu qu'au bout de vingt-quatre heures décision serait prise. Jean salua jusqu'à terre et se retira discrètement.

Trois semaines après, l'ouvrier, au comble de ses vœux, conduisait devant le ministre de la ville sa jolie fiancée et lui jurait fidélité au pied des autels.

Jean, nous l'avons dit, apportait en dot douze florins, et sa femme en possédait trente. C'était donc un riche parti pour l'armurier, qui jamais ne s'était vu à la tête d'une si forte somme.

Grâce aux apports des deux conjoints, comme disent si bien MM. les notaires dans leur style émaillé de poésie, le jeune ménage loua une modeste boutique, petit nid frais et champêtre, situé dans un faubourg de la ville, où les deux tourtereaux eussent élevé une statue à l'Amour, si l'ère du paganisme eût été de l'époque.

Jean travailla pour son propre compte; Marguerite continua de tresser ses réseaux, et, Dieu aidant, les affaires prospérèrent. Pendant deux ans tout alla pour le mieux. La lune de miel durait encore. Un seul nuage l'assombrissait de temps à autre. Jean ne voyait pas son rêve complètement réalisé; l'heureux héritier de la gaieté paternelle se faisait encore attendre.

Enfin, par un beau soir d'automne, Marguerite, se promenant suspendue au bras de son mari, lui fit, en baissant les yeux, cette douce confidence qui remue si profondément le cœur de tous les hommes. Elle se croyait mère.

Dans sa joie, Jean s'arrêta brusquement, regarda sa femme, et lui fit répéter cette douce parole qui remplissait son âme de bonheur. Marguerite se jeta à son cou, des larmes d'ivresse coulèrent de leurs yeux, et tous deux s'agenouillant sur la terre, adressèrent au Seigneur de ferventes actions de grâce.

A partir de ce jour, Jean entoura sa femme d'un redoublement de soins et d'attentions. Pour elle, rien de trop beau ni de trop bon. Il exigea qu'elle cessât son travail; c'était à peine s'il lui permettait de vaquer aux besoins du ménage.

Malheureusement Jean était alors au sommet du bonheur; le chagrin l'attendait sur le versant opposé. Par une fatalité inconcevable et que la conduite du pauvre armurier était loin de justifier, ses affaires, jusqu'alors florissantes, s'arrêtèrent subitement.

De nombreux concurrents lui enlevèrent peu à peu sa petite clientèle; le travail manqua. Marguerite, en avançant dans sa grossesse, sentit sa santé s'altérer considérablement. Bientôt même elle fut contrainte de garder le lit.

Jean, craignant de l'attrister, lui cacha le mauvais état de ses affaires. Cependant l'argent sortait chaque jour et ne rentrait pas.

Le malheureux ouvrier entama ses petites économies, espérant que des temps meilleurs reviendraient promptement.

Il n'en fut rien; les épargnes disparurent vite.

Jean perdait sa gaieté, une sombre tristesse s'empara de lui. Bientôt il fallut avouer la verité à Marguerite ; les dettes étaient venues ; les créanciers étaient inexorables ; le petit mobilier devait être vendu pour faire face aux engagements.

Un matin enfin, Jean s'avoua avec désespoir qu'il ne savait comment offrir à sa femme malade le pain de la journée : il était dans sa boutique, devenue triste et délabrée, car il ne restait du ménage, jadis si brillant de propreté, que le lit dans lequel reposait Marguerite, lorsqu'il vit passer devant sa porte une de ses anciennes pratiques, piqueur faisant partie de la maison d'un grand seigneur puissamment riche.

Ce grand seigneur, nommé le marquis Polonato, Italien d'origine et exilé de Gênes sa patrie, habitait d'ordinaire un hôtel à Berlin ; mais grand amateur de vénerie, il avait acheté à Stendal un château de plaisance, où il avait coutume de venir passer la saison des chasses.

Jean soignait souvent les armes de ses nombreux domestiques. Bien des fois il avait vu passer les équipages et les chevaux du gentilhomme, et depuis que le malheur avait frappé à sa porte, il s'était pris souvent à dire, en regardant tant de richesses, qu'un peu de cet or, que le seigneur italien maniait de mains prodigues, suffirait pour le sauver du désespoir.

Jamais cependant la pensée d'implorer un secours ne s'était présentée à son esprit. Quelques amis compatissants lui étaient bien venus en aide, mais pour l'honnête armurier pareil service avait été rendu par lui si souvent, qu'il le regardait comme naturel. Le jour, cependant, où il vit passer le domestique du marquis Polonato, le jour où, la tête emprisonnée dans ses doigts crispés, il se demandait avec des larmes de rage ce qu'il fallait qu'il fît pour nourrir sa femme, une idée subite lui traversa l'esprit.

La tante de la pauvre Marguerite était morte depuis longtemps, ses amis ne voulaient ou ne pouvaient plus lui prêter quelques florins, et le crédit était fermé partout.

Désespéré, fou de chagrin et de misère, Jean résolut de se procurer de l'argent, dût-il mendier pour rapporter du pain à sa femme. Il sortit donc, et suivit le valet, espérant arriver jusqu'au maître.

Le marquis était riche, il passait pour l'un de ces grands joueurs qui perdent sur une carte des sommes fabuleuses; en apprenant la détresse du malheureux ouvrier, nul doute qu'il ne lui vînt en aide.

Jean, du moins, pensait qu'il en serait ainsi. Au moment où il pénétra dans la vaste cour de l'hôtel, le ciel sembla vouloir lui être favorable, en lui épargnant l'humiliation de s'adresser d'abord aux laquais, il aperçut le noble Italien debout sur le perron du vestibule, occupé à examiner avec une scrupuleuse attention une magnifique paire de chevaux alezans que deux palefreniers promenaient au pas devant lui.

Jean traversa hardiment la cour et s'arrêta au pied du perron.

« Monseigneur, dit-il, en s'adressant à l'étranger.

— Quel est ce drôle? demanda brusquement le marquis en se tournant.

— Monseigneur, je suis votre voisin, l'armurier du faubourg... vous savez? balbutia le malheureux ouvrier, qui sentait la rougeur de la honte lui monter au front.

— Eh bien! que me veux-tu?

— Monseigneur, je viens implorer votre pitié, je viens vous demander du travail.

— Du travail, répondit dédaigneusement l'Italien, je connais les gens de ton espèce. Ils demandent tous du travail et ils prient Dieu tout bas de n'en pas trouver pour mieux fainéanter. »

Jean courba la tête, mais se rappelant soudain la position de Marguerite, il résolut de boire le calice jusqu'à la lie.

« Monseigneur, reprit-il lentement, ma pauvre femme est près d'accoucher, je n'ai pas de pain à lui donner.

— Travaille, tu pourras en acheter.

— Travailler ! mais je supplie le ciel de me faire trouver de l'ouvrage. Quel qu'il soit, je l'accepterai. Monseigneur ! au nom du Dieu de miséricorde, venez à mon secours.

— Je n'ai pas d'ouvrage à te donner, tous mes fusils sont en état. »

En prononçant ces paroles, le marquis fit un geste qui signifiait clairement qu'une plus longue insistance le fatiguerait.

Jean pourtant ne bougea pas.

« Monseigneur, je vous en supplie, fit-il avec des larmes dans la voix, donnez-moi de l'ouvrage, employez-moi !

— J'ai bien assez de fainéants ici, sans en prendre davantage à mes gages, répondit durement le marquis.

— Au nom de ma pauvre femme, s'écria Jean, qui ne pouvait plus retenir ses sanglots, secourez-moi !

— Eh! que m'importe ta femme!

— Monseigneur! ne me poussez pas au désespoir.

— Allons! laisse-moi!

— Je vous en conjure...

— Que l'on chasse ce drôle! ordonna l'Italien en frappant du pied avec colère.

— Par grâce! par pitié!... du pain! balbutia Jean dans un paroxysme de désespoir, et se traînant sur les genoux, il saisit l'habit brodé du grand seigneur pour l'empêcher de s'éloigner.

— Hors d'ici, mendiant! s'écria le marquis en arrachant le pan de son habit des mains du malheureux.

— Mendiant! répéta Jean qui se releva d'un bond. Mendiant! fit-il une seconde fois, tandis qu'une transformation subite s'opérait en lui et que de rouge de honte qu'il était, il devint pâle de fureur. Mendiant! répéta-t-il encore. Ah! je vous supplie, je vous implore et vous m'insultez! Monsieur le marquis, vous avez sans doute volé votre nom et votre titre, car vous n'êtes pas gentilhomme!

— Misérable! » hurla l'Italien devenu furieux, en levant une cravache qu'il tenait à la main.

Mais il n'eut pas le temps de la laisser tomber sur le visage de l'armurier.

D'un geste plus rapide que la pensée, Jean saisit une fourche d'écurie qui se trouvait à sa portée et la brandissant avec force :

« Frappez, monseigneur ! dit-il froidement ; puis, se retournant vers les domestiques, qui se précipitaient vers lui : le premier qui approche je l'éventre. »

Tous reculèrent, car on voyait sur la figure de cet homme l'énergie du desespoir, et ses yeux illuminés par la colère, menaçaient bien de mort quiconque oserait l'attaquer.

Jean se retourna alors vers celui qui venait de le traiter avec tant de rigueur.

« Marquis Polonato, dit-il, vous m'avez chassé, je sors de votre hôtel, mais priez Dieu qu'il ne vous conduise jamais sur mon passage, car vous m'avez poussé au désespoir, et je ne réponds pas de ce qui arriverait. »

Puis jetant à terre la fourche qu'il tenait à la main, il traversa fièrement la cour et sortit à pas lents.

Si Jean, au moment où il franchissait le seuil de la porte, eût tourné les yeux vers le seigneur italien, il eût été frappé du changement inattendu qui s'était opéré dans l'expression de ses traits.

En voyant la sauvage énergie de l'ouvrier, un éclair de joie avait traversé et illuminé le visage pâle du marquis.

Se tournant vers un homme placé à quelques pas derrière lui :

« Gaëtano, fit-il lentement.

— Monseigneur? répondit l'homme en s'avançant.

— As-tu remarqué ce drôle qui sort d'ici?

— Sans doute, dit Gaëtano avec étonnement.

— Je veux dire, as-tu remarqué l'expression de sa figure?

— Oui, monseigneur.

— Eh bien! fais en sorte de connaître sa demeure et de te renseigner sur sa position présente. S'il ne m'a pas menti, cet homme pourra me servir. Tu m'entends? »

Gaëtano s'inclina respectueusement, et le marquis, après avoir donné quelques ordres à ses nombreux valets, rentra dans ses appartements en murmurant à voix basse :

« Je suis plus heureux que Diogène, j'ai trouvé l'homme qu'il me faut. »

Fou de colère et de désespoir, Jean regagna sa

demeure, plutôt conduit par l'instinct que par la raison. En entrant, il se laissa tomber sur une chaise, la seule qui restât, n'osant pas monter près de sa malheureuse femme, qu'une fièvre lente clouait sur son lit.

La journée se passa ainsi, sans pain, puis la nuit. Le lendemain un peu d'ouvrage arriva dans la maison. Jean se reprit à espérer : il travailla avec ardeur. Grâce à son modique salaire et au secours de quelques âmes charitables, le pauvre ménage put subsister deux semaines encore.

Mais le moment critique approchait. L'héritier tant souhaité jadis allait faire son apparition dans le monde.

Un médecin dévoué, cœur noble, intelligence supérieure, qui comprenait que l'art qu'il exerçait était un pieux sacerdoce, le docteur Frank prodiguait ses soins à Marguerite, sans parler jamais de la rémunération de ses peines. Seulement, pauvre lui-même, il ne pouvait aider de sa bourse ceux qu'il consolait avec de douces paroles.

Il déclara à l'armurier que le prix des médicaments devenus indispensables s'élèverait bien à environ une dizaine de florins. C'était ces dix florins qu'il s'agissait de trouver, et trois jours restaient à peine. La dernière chaise était vendue depuis longtemps; les outils eux-mêmes étaient engagés; aucune pratique ne se présentait.

Pendant les deux premières journées, Jean fit tout au monde pour se procurer cet argent. Peine inutile; tout ce qu'il put fut de rapporter quelques kreutzers et un peu de bois.

On était alors au 7 décembre, et le froid était vif. Marguerite était devenue si faible que le médecin craignait qu'elle ne supportât pas le travail de l'enfantement.

Tout présageait donc un accident funeste, et, pour comble de malheur, l'apothicaire refusait absolument de faire crédit.

Pendant toute la journée du 8, Jean ne prononça pas une parole. Il y avait près de trente-six heures que le malheureux n'avait mangé. Sa figure si douce et si joyeuse naguère, était maintenant sombre et livide. De vagues pensées sillonnaient son front. Ses yeux, enfoncés dans leur orbite, semblaient indiquer une résolution terrible.

La nuit vint à cinq heures. Le ciel, chargé de nuages, laissait tomber sur la terre une pluie fine et glacée. Jean, accroupi au pied du lit de la malade la contemplait d'un œil hagard.

Subissant peu à peu la torpeur accablante de la fièvre, Marguerite s'endormit. Jean ne s'en aperçut même pas. Tout à coup un bruit léger le fit tressaillir. Il crut que l'on venait de heurter à la porte de la boutique, située à l'étage inférieur. Il écouta, le bruit devint distinct, un coup sec retentissait sur le bois de la porte.

Jean, après s'être assuré que Marguerite dormait profondément, descendit ouvrir. Il se trouva en présence d'un homme de haute taille, enveloppé d'un long manteau noir, dont un pan, jeté sur son visage, dérobait les traits.

« Que voulez-vous? demanda Jean d'une voix rauque.

— Jean l'armurier? répondit l'inconnu sans bouger de place.

— C'est moi.

— Votre femme est malade?

— Oui.

— Vous manquez d'argent?

— Oui.

— Votre femme peut mourir cette nuit si vous n'en avez pas.

— Cela est vrai.

— Eh bien! je vous en offre.

— Vous? » s'écria l'ouvrier, qui crut être le jouet d'une illusion.

L'inconnu tira lentement une bourse de sa poche.

« Il y a là dix frédérics d'or, dit-il.

— Vous me les donnez ?

— Non ; il faut que tu les gagnes.

— Parlez, je suis prêt. Que faut-il faire ?

— Me suivre.

— Où cela ? demanda Jean en hésitant, car l'apparition de cet homme et la somme qu'il lui offrait, lui paraissaient étranges.

— Écoute, reprit l'inconnu ; tu le sais, ta femme mourra si tu ne peux acheter les médicaments nécessaires ; il te faut donc de l'argent, je t'en offre. Es-tu prêt à tout faire pour le gagner? Tu m'entends bien n'est-ce pas ? Je dis : à tout faire ! »

L'homme au manteau appuya sur ces dernières paroles. Jean réfléchit un instant. Peut-être allait-il refuser, lorsqu'un faible soupir exhalé par Marguerite parvint jusqu'à lui.

« Oh ! dit-il en frissonnant, je ne veux pas qu'elle meure !

— Alors tu es prêt? demanda l'inconnu avec un mouvement de joie, car en voyant l'indécision de l'armurier il avait fait un pas en arrière.

— Je suis prêt ! répondit Jean d'une voix sombre.

— Viens donc alors.

— Marchez, je vous suis. »

Les deux hommes partirent. La nuit était sombre. Jean suivait l'inconnu sans se rendre compte de ce qu'il faisait. Il ne voyait qu'une chose : c'était Marguerite expirant sur son lit de douleurs, faute de soins.

« Hâtons-nous, dit-il.

— Nous voici arrivés, » fit le guide en s'arrêtant devant une maison de splendide apparence, à la porte de laquelle il frappa.

La porte s'ouvrit, l'inconnu pénétra dans la cour en faisant signe à son compagnon de le suivre en silence.

Jean jeta un coup d'œil autour de lui. Tout à coup il s'arrêta.

« L'hôtel du marquis Polonato, murmura-t-il à voix basse.

— Oui, répondit son guide, l'hôtel du marquis Polonato ; cet hôtel dont tu as été chassé, mais où, cette fois, tu seras bien accueilli, je te le jure. Allons, viens! continua-t-il en saisissant l'armurier par le bras et en l'entraînant vers une petite porte située à l'angle de la cour ; le marquis veut te parler, il a besoin de toi, ne le faisons pas attendre. »

En disant ces mots, il ouvrit la porte, qui tourna sans bruit sur ses gonds, et, poussant Jean devant lui :

« Je t'ai promis dix frédérics d'or, lui dit-il, sache maintenant que si tu obéis discrètement, tu en auras cinq cents. »

Jean voulut répondre, mais, poussé toujours par son compagnon, il venait de pénétrer dans une salle basse faiblement éclairée, dans laquelle un homme se promenait à pas précipités. C'était le marquis Polonato.

« Eh bien ? demanda-t-il.

— Voici l'homme que vous avez désiré voir, Excellence, répondit l'inconnu.

— Bien ! fit le marquis en s'asseyant ; maintenant, laisse-nous seuls. »

Vers minuit, Marguerite fut réveillée subitement par une douleur vive, aiguë, qui lui arracha un cri d'angoisse. Personne ne répondit à ce cri déchirant. Jean n'était pas rentré.

La pauvre femme, en proie à ces violentes tortures que les mères seules connaissent, mordait ses draps, déchirait ses ongles sur la muraille, se tordait en criant sur son lit.

Une demi-heure s'écoula. La malheureuse Marguerite se sentait mourir et elle craignait de mou-

rir seule. Elle appelait son mari qui ne venait pas
Enfin, la porte s'ouvrit brusquement, et Jean pâle,
les yeux hagards, les cheveux en désordre, la main
tremblante, se précipita dans la chambre.

« D'où viens-tu ? s'écria Marguerite dans un moment de calme.

— Je viens... je viens... balbutia Jean dont les
dents claquaient de froid sans doute, je viens de
chercher le docteur. »

Il montrait du doigt le digne praticien qui pénétrait dans la chambre.

« Tu m'as donc entendue crier ? demanda encore
Marguerite sans montrer d'étonnement, car la timide lueur vacillante de la petite lampe qui éclairait la pièce ne permettait pas de distinguer l'altération des traits de l'armurier.

— Sans doute, je t'ai entendue et je suis allé
chercher notre médecin et aussi acheter des médicaments.

— Acheter !... s'écria la malade en faisant un
effort ; acheter !... reprit-elle, nous avons donc
de l'argent, maintenant ?

— Oui, oui, ne t'inquiète plus, murmura Jean
tout en plaçant sur le bord d'une fenêtre, à défaut
de table, deux ou trois petites fioles que le docteur
se prit à examiner.

14.

— Comment l'as-tu pu avoir cet argent ?

— Une commande... qui m'a été payée d'avance. Oh ! sois sans crainte, en voici encore.... tiens ! deux frédérics d'or !...

Marguerite ouvrit de grands yeux étonnés, puis elle retomba sur sa couche sans pouvoir prononcer une parole. Une nouvelle crise venait de l'assaillir. Le médecin se précipita vers elle.

« Vite ! dit-il à Jean, appelez la femme que j'ai laissée en bas. La crise ne sera pas longue ; Dieu veuille seulement qu'elle soit heureuse ! » ajouta-t-il tout bas.

Jean exécuta l'ordre du docteur ; puis, suivant sa prescription, après avoir introduit la garde, il sortit de la chambre en jetant sur sa chère Marguerite un dernier et long regard. Le malheureux s'agenouilla sur une marche du petit escalier, et là, les mains jointes, la tête courbée vers la pierre, il attendit. Trois quarts d'heure s'écoulèrent ainsi, trois siècles de torture et d'angoisse. Enfin, à une heure et demie du matin, un cri retentit dans la chambre de la malade, un faible cri qui fit frissonner le corps du pauvre armurier ; car dans cette plainte, il croyait reconnaître le vagissement d'un enfant nouveau-né.

Jean se releva lentement en se soutenant au

mur. Dans ce mouvement quelques pièces d'or s'échappèrent de sa poche et roulèrent sur les marches.

« Oh! murmura-t-il en portant ses deux m' à son front, Dieu me punira! »

La porte s'ouvrit et le docteur parut.

« Vous avez un fils, dit-il lentement.

— Et la mère? s'écria Jean.

— Du courage, mon ami.

— Docteur! que dites-vous donc?

— Je dis que votre enfant, en venant au monde, aura coûté la vie à sa mère... Entrez, car si vous voulez la voir encore, vous n'avez pas un instant à perdre! »

Le malheureex ne prononça pas une parole, mais sa douleur était effrayante à contempler. Il ne pleura pas, mais l'on voyait à ses yeux fixes et arides de larmes tout ce qu'il devait souffrir. D'un pas chancelant il pénétra dans la chambre de Marguerite. La pauvre mère, étendue sur sa couche, ne donnait aucun signe de vie. Cependant, à la vue de son mari, une lueur passagère brilla dans son regard terne et voilé. Elle fit un effort suprême, et, tendant vers lui sa main amaigrie :

« Jean, dit-elle d'une voix si faible que l'on devinait ses paroles plutôt qu'on ne les entendait, Jean, mon enfant?... »

Jean saisit dans ses bras le petit être qui reposait sur les genoux de la garde et le présenta à Marguerite.

Il était trop tard.

La malheureuse jeune femme avait épuisé ses forces ; elle ne devait pas même voir l'enfant dont la naissance lui coûtait la vie. En s'approchant du lit, Jean ne contempla plus qu'un cadavre.

Le lendemain le pauvre père assisté de quelques amis, accompagnait le corps de Marguerite au petit cimetière du faubourg. Le soir du même jour, son enfant, baptisé par le ministre qui avait naguère béni les deux époux, était confié, sous les prénoms de Jean-Joachim, aux soins d'une nourrice du voisinage. Joachim était né le 9 décembre 1717.

Pendant les premières années qui suivirent son veuvage, Jean vécut seul, travaillant nuit et jour, mais ne voyant personne. Il ne sortait qu'une fois par semaine pour aller passer quelques heures auprès de son fils. On remarqua qu'il avait fait la paix avec le seigneur italien : car il travaillait sans cesse pour les nombreux domestiques de l'hôtel devenus ses meilleurs clients.

LES MYSTIFICATEURS. 249

Huit ans s'écoulèrent ainsi.

En 1725, Jean habitait toujours sa petite boutitique, et il avait pris auprès de lui son fils, qui grandissait sous ses yeux. Qui aurait connu jadis le joyeux armurier, l'amoureux empressé de Marguerite, le boute-en-train de toutes les fêtes, Jean le Sans-Souci, enfin, n'aurait certes pu deviner dans ces traits amaigris, dans cet œil terne et flétri, cette gaieté qui faisait autrefois les délices des ouvriers de Stendal. Une maladie de langueur le dévorait. Le pauvre homme ne devait pas résister longtemps.

Un soir, après une longue visite à l'hôtel du marquis Polonato, Jean se mit au lit avec un redoublement de fièvre. En peu de jours la maladie fit de rapides et effrayants progrès. Se sentant près de la mort, Jean fit venir son fils et l'envoya chercher le ministre de la chapelle voisine.

Le digne pasteur accourut en toute hâte et s'assit au chevet du moribond, prêt à le fortifier et à adoucir ses derniers moments par de saintes paroles. Après un long entretien, pendant lequel le prêtre pâlit plusieurs fois en regardant le malade avec des yeux pleins de surprise et d'épouvante, Jean écouta avec un recueillement profond, la prière des agonisants. Puis il parla de son fils, son pauvre Joachim, qu'il allait laisser orphelin, sans ressource et sans appui, le recommandant à la bonté du ministre.

Le pasteur promit de ne pas l'abandonner. A la suite de cette conférence, Jean parut plus calme. Le soir venu, la fièvre redoubla, et, vers le lever du jour, le pauvre armurier vit finir ses douleurs et ses peines; il expira.

L'enfant, en proie au plus violent désespoir, se cramponnait au corps inanimé de son père en l'appelant d'une voix déchirante. Ce fut à grande peine que le ministre parvint à l'arracher de cette chambre de douleur et à l'emmener chez lui.

Deux jours après, le bon pasteur et le pauvre orphelin partaient ensemble pour la petite ville de Hall, située à une quarantaine de lieues dans le district de Hersebourg et dans la vallée de la Yaale.

Il faut dire que dans cette ville de Hall, habitait alors un beau vieillard de soixante-deux ans, nommé Auguste-Hermann Franke.

Ce vieillard était tout simplement un des bienfaiteurs de l'humanité. D'une précocité de science vraiment extraordinaire, Franke fut admis, à l'âge de quatorze ans, à l'Université de Gotha. Nommé successivement membre des universités de Kiel, d'Erfurt et de Leipzig, il fut poursuivi par l'électeur de Mayence à cause de ses cours de théologie. L'université de Hall lui offrit un asile, le reçut avec empressement et le nomma professeur de langues orientales, puis, plus tard, pasteur dans le faubourg de Glaucha.

L'ignorance et la grossièreté d'une partie de ses ouailles, l'extrême misère du plus grand nombre eurent pour premier résultat de donner une direction pratique aux efforts du digne pasteur. Il se mit à instruire les pauvres et les enfants, auxquels il distribuait de légères aumônes.

Peu de temps après, il prit chez lui quelques orphelins pour les élever. Le nombre s'en accrut rapidement. Des âmes pieuses vinrent à son aide, et la maison, qu'il ne tarda pas à organiser sur le terrain de sa paroisse, s'agrandit d'année en année. La première pierre en avait été posée en 1698, et bientôt cette maison, d'une origine si modeste, prit d'immenses développements. Aidé par des hommes de bien, philantropes éclairés, Franke établit, sous sa propre direction, des écoles pour tous les métiers et pour toutes les professions. Un chimiste lui légua des recettes précieuses pour la préparation des médicaments. Du produit de la vente de ces remèdes, il tira chaque année trente ou quarante mille florins, qui, joints à des dons souvent considérables, lui permirent d'étendre de plus en plus son institution. Le baron de Caustein, entre autres, lui laissa, en 1710, sa bibliothèque entière et une partie de sa fortune.

Noble, simple et sévère dans ses mœurs, Franke se montrait à la fois ferme et bon envers ses élèves.

C'était vers ce modèle des amis de l'humanité que le ministre de Stendal conduisait le jeune Joachim. Les deux pasteurs se connaissaient pour deux hommes de bien ; aussi la réception du fils de Jean ne fut-elle pas même débattue, et, le jour même, M. Franke l'installait parmi ses nouveaux élèves.

III

L'Etudiant.

Jean Joachim était né pour les travaux intellectuels. Au début, il montra tant d'excellentes dispositions, un tel amour pour la science, que ses professeurs, reconnaissant en lui un élève distingué, le poussèrent avec ardeur aux études sérieuses.

D'un caractère à la fois mélancolique et joyeux, rêveur et méditatif, plein d'élan et de prévenances, le jeune orphelin se faisait aimer de ses maîtres et de ses condisciples.

Il fit donc de rapides progrès. A seize ans, il avait terminé d'excellentes études, mais là devait s'arrêter cette veine de bonheur qui le suivait depuis son arrivée à Hall.

Joachim allait entrer dans la vie positive, dans la vie réelle, et les misères humaines se préparaient à l'assaillir.

On ne saurait dire quel charme s'attache aux premiers pas de ceux qui doivent devenir illustres. Entre les hommes, ce sont presque toujours les plus éprouvés et si, d'après la connaissance du point de départ, on mesure mieux à quelle hauteur s'est élevé leur génie, le fils du pauvre armurier de Stendal, en se faisant un nom célèbre, eut plus qu'aucun autre peut-être, le mérite des grandes luttes avec les grandes difficultés.

On voulut faire de lui un ministre de la religion. Son caractère, son esprit, tout en lui répugnait à la carrière ecclésiastique.

Il rêvait les voyages et l'indépendance. Ses études étaient la mythologie, la littérature ancienne, l'architecture, les langues mortes et par-dessus tout les antiquités.

Il caressait avec délice le doux espoir d'un séjour en Italie. Rome, Venise, Florence, Naples, lui apparaissaient dans ses rêves dorés comme autant de paradis terrestres.

Aussi, fût-ce avec une ferme résolution, que Joachim résista aux intentions de ses maîtres, car avec une vivacité d'esprit qui n'est pas d'ordinaire l'apanage des natures septentrionales, il y avait en lui quelque chose d'un Italien de la Renaissance.

Cependant il fallait vivre. Il était arrivé à l'âge où les portes de l'institution des orphelins devaient se fermer sur lui, et il allait se trouver face à face avec la misère s'il ne subvenait pas par un travail immédiat aux premiers besoins de la vie.

Force lui fut donc de chercher un emploi lucratif. Grâce à quelques protections, il fut placé dans une maison en qualité de professeur pour faire l'éducation de deux jeunes enfants.

Chaque trimestre, Joachim mettait scrupuleusement de côté sur ses appointements bien minimes ce qui ne lui était pas d'absolue nécessité. Cette manière de vivre dura quelques années pendan esquelles nous ne suivrons pas notre héros. t

Qu'il nous suffise de dire qu'au bout d'un tralai pénible, Joachim se trouva possesseur d'un vtrésor de soixante-cinq florins.

Ce fut le 15 avril 1742 que cet heureux résultat se trouva constaté.

Il faut savoir que Joachim s'était fixé cette somme comme le nec-plus-ultra des richesses humaines, car avec soixante-cinq florins il espérait réaliser le rêve de toute son existence : d'abord un voyage en France, puis un voyage en Italie.

En conséquence de cette résolution fermement arrêtée, le jour même où il ajoutait le dernier complément au trésor composant sa fortune, Joachim prit congé de ses élèves, alla décrocher le fameux havresac dont nous avons parlé dans notre premier chapitre, et qui composait à lui seul tout l'héritage paternel, le bourra de quelques effets, d'un peu de linge, de beaucoup de livres, alla faire ses adieux à ses anciens professeurs et se mit résolûment en route pour Stendal.

Joachim voulait faire un pèlerinage au tombeau de ses parents avant d'entreprendre le voyage qui devait décider son avenir.

Inutile de dire qu'il partit à pied, ses soixante-cinq florins ne lui permettant pas de rouler carrosse pour faire un voyage de plus de trois cents lieues.

Vigoureux et plein de résolution, notre héros

arpenta vite les quarante lieues qui le séparaient de sa ville natale.

Il arriva à Stendal par une belle soirée des derniers jours de mai. Ses premières paroles furent pour s'informer du bon pasteur qui avait pris soin de le conduire à Hall après la mort de son père.

Le digne ministre de Dieu avait depuis longtemps rendu son âme au Créateur. Le lendemain, de grand matin, Joachim se rendit au cimetière.

Agenouillé sur la pierre qui recouvrait le corps du malheureux armurier et celui de sa femme, la pauvre mère que Joachim n'avait jamais connue, il pria longtemps.

Puis le cœur serré, des larmes plein les yeux, il rentra en ville afin de passer une dernière fois devant cette petite boutique qui avait renfermé tour à tour tant de joies et tant de douleurs.

Un autre locataire en avait pris possession et le logement avait été complètement transformé. Joachim soupira lentement, mais il ne se sentit pas le courage de demander la permission de pénétrer dans l'humble demeure.

Les changements opérés la rendaient trop méconnaissable. Rien ne lui aurait parlé de son père si bon et si malheureux.

La nuit était venue, le jeune homme regagna

son auberge le cœur attristé et la mélancolie dans l'âme.

Puis ce sommeil de la jeunesse, ce sommeil de plomb, ce sommeil réparateur vint délasser son corps et reposer son esprit.

Joachim se leva frais et dispos avec les premiers rayons du soleil. Les rêves de l'avenir succédaient aux chagrins du passé.

Il solda sa modique dépense, fit une seconde visite au cimetière et rejoignit rapidement les bords de l'Elbe, décidé à remonter le cours du fleuve jusqu'à la grande route conduisant à Leipzig, pour de là se rendre à Francfort d'abord, puis à Paris.

Une fois arrivé dans la capitale de la France, Joachim espérait, grâce à son instruction, se faire vite une position honorable qui le mît à même de continuer ses études et ses travaux.

Le pauvre garçon ne connaissait pas encore le monde. Il se fiait à son honnêteté et à son mérite pour arriver. Les désillusions ne devaient pas lui faire faute.

Bref, il avait déjà quitté Stendal depuis cinq jours lorsque nous l'avons présenté à nos lecteurs au début de cette histoire et s'ils veulent bien se le rappeler, nous l'avons abandonné sur la route demandant à un paysan saxon quelques renseignements sur le chemin qu'il devait suivre.

Maintenant, grâce à nos ailes de romancier, nous allons le rejoindre et, si faire se peut, ne plus le quitter au milieu des catastrophes sans nombre qui devaient l'assaillir avant son arrivée à Paris.

Notre voyageur, en suivant la route de Leipzig, fournit d'une seule traite une course de six lieues.

Il se reposa quelques instants, reprit sa marche, s'arrêta de nouveau pour s'occuper de son dîner, opération qu'il accomplit scrupuleusement; puis gagna à la nuit tombante le petit village de Berghausen où il passa la nuit.

A quatre heures du matin il se remit en marche espérant arriver promptement à Leipzig; mais il avait compté sans les embarras que la guerre devait lui suggérer.

A cette époque, la France, la Prusse et la Bavière, alliées ensemble, guerroyaient contre l'Angleterre et la reine de Hongrie à propos de la succession à la couronne d'Autriche.

Frédéric II, auquel Joachim n'enviait, comme il l'a dit lui-même, que son intimité avec M. de Voltaire, Frédéric II n'avait pas encore signé la paix, et ses troupes, jointes à celles de la France et de la Bavière, occupaient le pays, quoique le siége de la guerre fût dans la basse Silésie et dans la Bohême.

Mais les mouvements inévitables de la réünion des trois puissances, faisaient, de la France en Bavière et en Prusse et de la Prusse en Bavière et en France, un va-et-vient continuel de corps d'armée.

Notre jeune voyageur était constamment arrêté, interrogé, car il ne possédait d'autres recommandations qu'une lettre du fils du pasteur Francke adressée à un de ses amis de Nancy.

Puis, après l'interrogatoire, on le mettait en liberté, car on voyait vite à sa naïve candeur et à son honnête figure que le futur savant n'était ni un espion, ni un agent provocateur à la solde de Marie-Thérèse.

En somme, les choses auraient pu aller pis.

Si Joachim faisait peu de chemin dans sa journée, grâce à ses arrestations fréquentes, toujours était-il qu'il avançait vers la France, lorsqu'une aventure inattendue vint brusquement mettre à néant tous ses beaux projets de voyage et d'avenir.

Joachim était arrivé le soir à un petit village peu

éloigné de Francfort et qui se nommait Gelnhausen.

Il cherchait un gîte pour la nuit lorsqu'il avisa une petite auberge, la seule qui se trouvât dans le village, plutôt cabaret qu'hôtel, et dont la pièce du rez-de-chaussée était splendidement éclairée.

Joachim entra. Il se trouva dans une vaste salle qu'encombraient une douzaine de grenadiers prussiens fumant et buvant à qui mieux mieux, en dignes fils de l'antique Germanie.

L'odeur âcre du tabac lui montant à la gorge, fit d'abord tousser vigoureusement notre voyageur, mais, se remettant, il alla s'asseoir humblement dans un coin devant une petite table en bois de chêne, sur laquelle il se fit servir un frugal repas.

Bientôt, suivant sa coutume, sa pensée galopant librement vers Rome et le Colysée, le transporta en pleine Italie, lui faisant oublier le lieu dans lequel il se trouvait et les soldats qui chantaient en chœur autour d'une longue table.

Joachim, isolé dans son coin, voyait se dérouler devant ses yeux toutes les antiquités d'Herculanum et de Pompéïa encore presque entièrement ensevelies sous les cendres, lorsqu'il sentit tout à coup une main familière s'appuyer sur son épaule.

Il leva les yeux et vit, debout près de lui, un grand gaillard de cinq pieds dix pouces, taillé en hercule et portant l'uniforme des grenadiers royaux de Sa Majesté Frédéric II.

C'était l'un de ces nombreux recruteurs que le roi de Prusse, qui avait hérité de son père la passion des beaux soldats, lançait sur la surface de l'Europe pour racoler sa garde.

Or Joachim, ainsi que nous croyons l'avoir dit, était jeune, grand, vigoureux, bien taillé et capable de faire un magnifique fusilier.

Son costume plus que modeste, maculé par la poussière, montrant la corde en plusieurs endroits, n'indiquait pas une situation financière de fermier général.

Le recruteur qui, avec ce coup d'œil exercé des gens de sa profession, avait pris le signalement exact du voyageur à son entrée dans la salle commune, le recruteur, disons-nous, pensa avoir trouvé une occasion favorable de satisfaire le caprice de son souverain à l'endroit des beaux soldats et de gagner, lui, la prime d'usage.

En conséquence, il s'était approché du jeune homme et lui avait, ainsi que nous l'avons vu, frappé familièrement sur l'épaule, ce qui, dans tous les pays du monde, passe pour un moyen adroit d'éveiller l'attention de son interlocuteur.

« Mille diables! s'écria-t-il d'une voix de basse magistrale et en essayant de donner à sa physionomie son air le plus engageant. Mille diables! mon jeune ami, si je ne jurerais pas avoir eu déjà le plaisir estimable de m'être trouvé en votre gracieuse société.

— Moi? dit Joachim avec étonnement; et dans sa naïveté il cherchait à interroger ses souvenirs à l'endroit du grenadier.

— Vous-même, palsambleu! comme disent les soldats de France; vous-même. Ah! c'est que vous pouvez vous vanter, jeune homme, de posséder l'un de ces physiques qui frappent au premier abord. Par l'âme de mon bisaïeul, mort au champ d'honneur! je suis certain qu'en quittant votre ville natale, vous avez dû laisser plus d'une belle éplorée! Corbleu! les larmes de vos maîtresses ont sans doute formé un déluge à rendre un fleuve jaloux! Dites! est-ce que je me trompe?

— Monsieur, je ne sais pas ce que vous voulez dire, répondit Joachim en rougissant; personne n'a pleuré mon départ.

— A d'autres, mon jeune ami!

— Mais, je vous assure...

— Bon! n'en parlons plus! Vous êtes discret,

c'est une qualité que tout le monde ne possède pas, et qui a droit à mes éloges. Mais, si ce sujet de conversation paraît vous déplaire, je n'insisterai pas. Seulement, puisque ma bonne fortune vous a fait passer sur ma route,. je vous demanderai la permission de vider avec vous un pot de bière. Parole d'honneur ! vous avez une figure qui me revient au possible !

— Vous êtes trop obligeant, monsieur, fit Joachim que le babil du recruteur commençait à fatiguer.

— Eh non ! reprit le soldat ; je dis toujours ce que je pense. Voyons ! je vous propose la santé de Sa Majesté Frédéric II, roi de Prusse. J'espère, mille diables ! que vous allez me faire raison ?

— Mon Dieu ! je le veux bien, répondit tranquillement Joachim ; je boirai même avec plaisir, je l'avoue, car j'aime le roi Frédéric, parce qu'il protége les arts et les sciences.

— Et surtout qu'il est grand guerrier, jeune homme, ne l'oubliez pas !

— Cela dépend de la manière de voir, monsieur. Quant à moi, je prise davantage les qualités du savant que celles du général.

— Hum ! pensa le recruteur, la chose ne marchera pas d'elle-même. N'importe ! reprit-il à haute voix, Frédéric est un grand homme ; à sa santé ! »

Ce disant, il choqua son verre contre celui de Joachim, qui, sans se montrer jaloux de continuer l'entretien, entamait gravement un énorme morceau de fromage que le garçon cabaretier venait de poser devant lui.

Mais le grenadier racoleur n'avait nulle envie de laisser tomber la conversation. Il avait jeté son dévolu sur Joachim ; il fallait qu'il en arrivât à ses fins. S'appuyant donc d'une main sur la table, tandis que de l'autre il attirait un tabouret qu'il glissait entre ses jambes :

« D'après vos paroles, mon jeune camarade, continua-t-il en s'asseyant, d'après vos paroles, je vois que vous êtes un ami des philosophes, un savant.

— Je cherche à m'instruire, monsieur, répondit Joachim avec un peu d'impatience, et je crois que j'y parviendrai.

— Noble ambition ! Mais, bâti comme vous l'êtes, c'est à la gloire que vous devriez aspirer !

— J'y aspire en effet.

— Quand je dis la gloire, j'entends la seule véritable, celle à laquelle on arrive par un sentier couvert de lauriers et de roses, la gloire des armes enfin! Tenez, mon jeune et intéressant ami, votre tournure me plaît, votre air me subjuge ; je veux être votre bienfaiteur ; je veux vous conduire doucement au bonheur idéal. Écoutez-moi ! »

Et le recruteur, avançant son siége, posa sur la table sa longue pipe à fourneau de porcelaine, appuya ses deux coudes de chaque côté, et gesticulant de l'avant-bras :

« Où la science vous conduira-t-elle, malheureux enfant égaré ? à la fortune ? au bonheur ? à la gloire ? Non pas, mort diable ! non pas ! s'écria-t-il en frappant sur la table.

« La science vous conduira droit à la misère. Belle existence, ma foi ! que de passer sa vie à griffonner du papier ! Bel avenir que celui où vous conduit la plume ! Misère que cela ! Est-ce à comparer à la noble carrière des armes ? D'abord vous possédez un brillant uniforme, bien tiré, bien brossé ; uniforme splendide dont la vue fait sourire les femmes et baisser les yeux aux hommes. »

Ici notre orateur avança gracieusement le bras droit en l'arrondissant à la hauteur de l'œil pour mieux dessiner son buste athlétique.

« Ensuite des repas succulents vous sont servis à bouche que veux-tu ! Toujours joyeux, jamais triste, bien reçu partout ; vous devenez l'objet de l'envie de chacun et la gloire de votre pays. Un jour de bataille arrive-t-il? vous forcez les lignes ennemies, vous enlevez un drapeau, le roi vous appelle, vous tend la main; vous devenez son ami intime, et vous êtes nommé capitaine sur le champ d'honneur! Puis, la tête couverte de lauriers, vous rentrez triomphant dans votre ville natale, où toutes les belles courent à votre rencontre, effeuillent des roses sur votre passage et se disputent à qui vous couronnera de myrthe dans les douceurs d'un voluptueux tête-à-tête. »

Enchanté de l'heureux effet de son morceau oratoire, car il voyait Joachim, la tête penchée en avant, absorbé dans une rêverie qu'il pensait avoir provoquée, l'éloquent recruteur fit une pause avant d'entamer sa péroraison.

« Eh bien! mon jeune camarade, mon ami, mon noble émule, reprit-il avec enthousiasme, car dès ce moment je vous considère comme faisant partie des élus de ce monde, dites! n'est-ce pas là une existence comme vous n'en avez jamais rêvée? une vaste carrière dans laquelle les premiers pas vous conduisent dans le temple du bonheur? Le guerrier, voyez-vous, c'est le maître de l'univers, et son paradis commence sur la terre ; le guerrier, c'est la crême, et les autres hommes ne sont que le petit-lait! Enfin, jeune homme, pour en finir en deux mots, permettez-moi d'employer une métaphore mythologique : l'étude de la science, c'est le travail des Danaïdes remplissant un tonneau sans fond ; la carrière du soldat, c'est la vérité de cette allégorie : Mars couronné par Vénus ! Voilà ! »

Et, d'un mouvement énergique, enfonçant son tricorne sur l'oreille gauche, il regarda fixement son interlocuteur.

Mais, hélas! le pauvre orateur aurait pu continuer longtemps de la sorte.

Fatigué par une longue route, prêtant peu d'attention au discours qui lui était adressé, Joachim s'était endormi.

La rougeur de la colère monta au front du soldat.

IV

Qui traite des désagréments de rencontrer en voyage
MM les grenadiers de Sa Majesté le roi de Prusse.

« Ah ! c'est ainsi, murmura entre ses dents le recruteur dépité. Eh bien ! puisque tu ne veux pas te rendre aux bonnes raisons, en avant les grands moyens ! »

Et se dirigeant vers la table autour de laquelle riaient et buvaient ses camarades fort joyeux de la déconvenue de l'orateur, il prit le flacon de kirschen-waser, en versa une partie dans une chope à moitié pleine de bière, et vint placer ce mélange dangereux devant le voyageur endormi.

« A votre santé, camarade! » lui cria-t-il brusquement aux oreilles.

Joachim se réveilla en sursaut. Passant sa main sur son front, il fut quelques secondes à rappeler ses idées, car il avait totalement oublié la salle de l'auberge et le grenadier recruteur.

« A votre santé ! reprit le soldat en poussant le verre à la portée de la main du jeune homme.

— Merci, répondit Joachim, je ne bois plus et je vais me coucher, car je suis exténué.

— Nous ne nous quitterons pas ainsi, fit le soldat, qui eut grand'peine à se contenir en voyant sa proie sur le point de lui échapper.

— Merci bien, vous dis-je !

— Encore un verre !

— Non !

— A votre avenir dans les sciences! Ah! ah! vous ne me refuserez pas, cette fois.

— Monsieur, répondit froidement le jeune homme, vous êtes recruteur, cela se voit, mais je ne tomberai pas dans vos filets... Je n'aime pas l'état militaire, je préfère la science et les arts; que cela vous déplaise ou non, je suivrai ma volonté.

— Je la respecte, mon jeune ami, je la respecte votre volonté, tout en la déplorant. Ce que j'en faisais était dans votre propre intérêt, mais n'en parlons plus. Séparons-nous amis, et pour ce faire, buvez-moi cela à la santé du roi de Prusse! »

Le rusé compère feignant de se rendre aux désirs de Joachim, ne cherchait plus qu'un moyen de le faire boire.

Il savait que, grâce à la préparation du breuvage, le jeune homme perdrait promptement l'usage de la raison et lui appartiendrait tout entier. Rien de plus facile alors que de lui faire signer un engagement qu'il ne pourrait plus rompre ensuite.

Mais il avait compté sans l'entêtement naturel de sa future victime. Joachim avait dit : non! Il ne voulait pas revenir sur sa parole.

«Allons, corbleu! ne faites pas la petite bouche! disait le soldat.

— Encore une fois, je n'ai plus soif! répondit le voyageur.

— Eh! on boit sans soif, mille diables!

— Eh bien! cela ne me plaît pas.

— De par le ciel! tu boiras! » s'écria le recruteur en donnant enfin un libre cours à sa colère et en saisissant son interlocuteur par le revers de l'habit.

Nous avons dit plus haut que Joachim était entêté; dans le chapitre précédent qu'il avait l'esprit vif. Ajoutons maintenant que tout en possédant une bonté et une douceur extrêmes, il était peu patient et avait pour nous servir d'une expression triviale, la tête près du bonnet. Aussi se dégageant rapidement des mains de son adversaire :

« Allez au diable! s'écria-t-il en le repoussant.

— Ah! je veux te faire une politesse et tu m'insultes, mauvais écrivassier. Ah! je te propose la santé du roi Frédéric et tu refuses, agent de Marie-Thérèse! hurla le militaire en retroussant les parements de ses manches et en découvrant ses bras d'hercule.

— Eh! non. Je ne vous insulte pas; mais pour Dieu! laissez-moi en repos; » répondit Joachim sans daigner paraître redouter le moins du monde les larges mains du recruteur.

Puis il ramassa tranquillement son havresac et son bâton, et se disposa à quitter la salle.

« Mort de ma vie! je crois que tu veux te sauver! vociféra le soldat arrivé au paroxysme de la rage, car il voyait sa recrue lui glisser dans les doigts, sa prime perdue, et il entendait ses camarades rire de plus belle. Tu veux fuir, mais sur ma tête! tu ne m'échapperas pas. Refuser la santé du roi! Tu n'es qu'un espion de la reine de Hongrie!

— Insolent! » s'écria Joachim, qui à son tour ne put maîtriser sa colère et qui, saisissant le verre resté sur la table, en lança le contenu au visage du soldat.

Celui-ci riposta par une bouteille, laquelle après avoir effleuré le front du jeune homme, alla se briser contre le mur.

Les autres soldats qui depuis le commencement de la scène y avaient assisté sans y prendre part autrement que comme spectateurs, les autres soldats, disons-nous, ne virent pas plus tôt leur camarade aux prises avec un antagoniste qui paraissait à craindre, qu'ils se levèrent en se précipitant pour le secourir.

De son côté, l'aubergiste et ses garçons étaient accourus au bruit, et voyant que leur mobilier courait grand risque d'être pulvérisé dans la lutte, ils se jetèrent intrépidement au milieu des combattants.

Dès lors, la mêlée devint générale.

Joachim avait renversé son adversaire en l'assommant avec un tabouret; mais, serré dans un coin, environné par cinq ou six grenadiers dont quelques-uns avaient déjà mis le sabre à la main, sa position menaçait de devenir critique, lorsqu'une inspiration soudaine lui traversa l'esprit.

A côté de la table se trouvait une fenêtre ouverte dont un grenadier gardait l'issue.

Joachim saisit son havresac de la main gauche, s'en servant comme d'un bouclier pour parer les coups de sabre, son gourdin de la main droite, et, à l'aide d'un savant moulinet qu'un ami lui avait heureusement appris jadis, il écarta ses adversaires, se précipita vers la fenêtre, asséna un vigoureux coup de bâton sur la tête du soldat qui voulait s'opposer à son passage et s'élança à l'extérieur, évitant une dernière estafilade qui n'atteignit que son habit, dont un pan resta sur le lieu du combat, circonstance dont il ne s'aperçut pas dans la chaleur de l'action.

En retombant sur ses pieds, notre héros se trouva au milieu d'un petit verger qu'il traversa rapidement. D'un bond, il franchit la haie d'aubépine qui servait de clôture. Une fois en rase campagne il était à l'abri de toute poursuite; mais cependant gagnant vivement au pied, il ne ralentit sa course que lorsqu'il fut entré dans un petit bois dans lequel il s'enfonça.

« Ouf! fit-il en poussant un soupir de soulagement, quelle journée!

J'ai fait douze lieues ; j'ai été arrêté deux fois, conduit devant deux conseils différents, jugé deux fois, interrogé deux fois, absous tout autant, et enfin rendu à la liberté. J'ai bien déjeuné, nullement dîné, fort mal soupé. Je me suis battu, j'ai peut-être assommé un homme, à coup sûr j'en ai blessé deux ou trois. Enfin me voici tranquille. Mais je suis en plein air et j'éprouve une furieuse envie de me dorloter dans un bon lit. Que dois-je faire? Retourner au village? Il n'y faut pas songer.

Bah! continua-t-il après une courte réflexion, la nuit est magnifique, la fraîcheur charmante, l'herbe moelleuse; je dormirai mieux, couché sous ces arceaux de verdure que plus d'un grand seigneur sous un baldaquin doré. Il s'agit seulement de trouver une bonne petite place, bien touffue, bien moussue, bien abritée. L'Ecriture dit : Cherche et tu trouveras! Cherchons! »

Sur ce, Joachim, son bâton à la main, s'orientant au milieu de l'obscurité, s'enfonça dans le bois.

Au bout de quelques instants, il découvrit, à la clarté fugitive des rayons argentés de la lune, un charmant réduit de verdure bien épais, bien clos, entouré d'arbres dont les branches formaient un plafond naturel.

« Voici ce qu'il me faut, pensa-t-il en prenant possession de sa chambre à coucher improvisée; certes, je vais mieux reposer, étendu à la belle étoile sur cette herbe odoriférante, que ne pourra le faire dans son palais, enveloppée de courtines de soie et de dentelles, la pauvre Marie-Thérèse, dont la Prusse et la France rêvent l'anéantissement. »

Et notre héros, faisant de son havresac un commode oreiller, s'étendit dans toute sa longueur sur un lit de mousse et de feuilles.

Oubliant ses mésaventures de la journée, deux minutes après il dormait de ce sommeil des justes qui, cependant, n'ont pas toujours le privilége de passer d'excellentes nuits, quoiqu'en dise le proverbe.

Le lendemain, le soleil en perçant de ses premiers rayons les branches touffues des arbres, trouva Joachim les yeux fermés, la bouche souriante, couché sur le dos, dans la position enfin où la lune l'avait laissé la veille, d'où le lecteur peut conclure hardiment que notre voyageur n'avait dormi que tout d'un somme sans faire un seul mouvement.

L'indiscrète visite du blond Phœbus, comme

disaient nos ancêtres, vint troubler son repos. Il ouvrit d'abord un œil, puis l'autre, se dressa sur son séant, regardant autour de lui d'un air étonné, car il ne se se souvenait plus de ce qui s'était passé la veille.

Enfin il se secoua, ne prononça pas le mot obligé : « Où suis-je ? » se mit d'un bond sur ses pieds, étendit en croix les bras et les jambes, bâilla, se souvint et fit quelques pas en avant pour se dégourdir.

« Brrr, prononça-t-il en frissonnant, il fait frais ce matin; la nuit a été bonne et je me sens tout dispos. Je voudrais bien savoir pourtant si mon adversaire d'hier soir a été assommé tout à fait. Je sais parfaitement que ce n'est qu'un mauvais drôle mais cela me contrarierait d'avoir la mort d'un homme sur la conscience, bien que je fusse dans le cas, ou jamais de légitime défense, comme le disait le respectable doyen de notre Faculté. Comment dois-je faire pour m'en assurer?... Parbleu, c'est bien simple, continua-t-il après un instant de réflexion, je vais retourner à l'auberge ; ces mauvais garnements en seront sans doute partis et je m'informerai. En même temps je payerai mon souper, car ce digne hôtelier a dû me prendre pour un fripon. Mon souper.... il ne valait pas grand' chose à coup sûr. Voyons, j'avais hier six kreutzers que l'on m'a rendus lorsque je payai mon déjeuner, cela doit à peu près faire l'affaire et je n'aurai pas encore besoin de toucher à mes florins. Mes florins ! » répéta-t-il amoureusement en portant la main à la poche de son habit.

Tout à coup Joachim chancela, une sueur froide perla sur son front, un tremblement convulsif fit tressaillir tout son être, il ramena sa main nue en poussant un cri de terreur.

Puis il demeura quelques instants immobile, les yeux égarés, les doigts enfoncés dans sa chevelure qu'ils ravageaient ; il était effrayant à voir.

« Mes florins ! s'écria-t-il d'une voix rauque, mes florins ! »

Et, d'une course furieuse, il s'élança, bondissant par-dessus les taillis et les buissons, dans la direction du village où il avait soupé la veille.

C'est que, ainsi que nous l'avons dit, dans la chaleur de sa lutte avec les soldats, dans l'emportement de sa fuite, au milieu de l'obscurité, Joachim n'avait pas remarqué sur le moment que le coup de sabre dont il avait été effleuré, avait tranché un pan de son vêtement.

Or, à ce pan adhérait, comme partie adjacente, la poche bienheureuse dans le fond de laquelle était cachée la bourse en cuir jaune. En y voulant fouiller, comme on vient de le voir, il s'était aperçu de la mutilation de son habit. Donc il était ruiné, mais ruiné complètement, sans ressource, sans un dernier kreutzer pour faire face aux premiers besoins, sans autre valeur que la lettre du pasteur Franke.

Encore cette lettre de recommandation était-elle adressée à un habitant de Nancy, et Nancy était situé à plus de cent vingt lieues de l'endroit où Joachim se trouvait.

La position, on en conviendra facilement, était loin d'être d'une gaieté folle. Joachim se trouvait sans un kreutzer dans un pays où il ne connaisait personne, à quatre-vingts lieues de la seule ville où il eût pu rencontrer un ami.

Aussi courait-il vers l'auberge de toute la vitesse de ses jambes, espérant, comme le naufragé qui prend une faible branche pour un moyen de salut, que le pan en question serait demeuré en compagnie de sa poche, sur le champ de bataille.

En arrivant au village, Joachim aperçut l'hôte sur le seuil de sa porte.

« Mes florins ! s'écria-t-il dès qu'il put articuler une parole ; mes florins !

— Tiens, vous voilà, jeune homme! répondit gracieusement l'aubergiste.

— Monsieur, continua le pauvre garçon tout haletant, tout ruisselant et montrant de la main la brèche faite à son vêtement; monsieur, hier soir j'ai perdu, chez vous, un pan de mon habit.

— Cela se voit de reste, jeune homme.

— Eh bien, ce pan?

— Est-ce qu'il n'avait pas une poche ?

— Oui, monsieur.

— Dans laquelle se trouvait quelque argent?

— Oui, monsieur.

— Eh bien, jeune homme, ce pan auquel vous semblez attacher une telle importance, je l'ai ramassé moi-même, ramassé de mes propres mains. »

Joachim poussa un cri de joie et faillit embrasser l'aubergiste.

— Dieu soit loué! dit-il.

— Rien ne se perd jamais chez moi, monsieur, continua gravement le cabaretier ; le pan de votre habit est là sur cette chaise ; quant à l'argent.... »

Joachim qui avait déjà fait quelques pas dans la salle, s'arrêta subitement.

« L'argent!... fit-il en sentant ses jambes prêtes à se dérober sous lui.

— Eh bien! monsieur, figurez-vous que, après votre départ, ces damnés militaires, ces suppôts de Satan, ces bandits de grenadiers dont le ciel, je l'espère, nous débarrassera bientôt, ces soldats, dis-je, se précipitèrent sur le morceau de drap qu'ils s'amusèrent à larder de leurs sabres ; avez-vous remarqué, monsieur, combien la soldatesque est turbulente et barbare ?

— Après ! après ! hurla Joachim.

— Ces brigands, furieux de leur défaite, car vous les avez battus, parfaitement battus, jeune homme, c'est une justice à vous rendre, et vous jouez du bâton d'une façon fort remarquable.

— Mais, pour Dieu, achevez ! interrompit Joachim.

— Eh bien! donc, ces scélérats, que Dieu confonde, se vengeaient sur votre pan d'habit, lorsqu'en le faisant sauter en l'air les florins que contenait la poche (je m'explique votre douleur et je la partage), ces florins roulèrent sur le plancher. Aussitôt ces larrons de se précipiter ; ce fut alors, qu'au péril de mes propres jours et de ceux de mes garçons, nous nous élançâmes; mais, hélas! il était trop tard : je n'ai pu arracher que ce lambeau de vêtement.

— Ces soldats, que sont-ils devenus ?

16.

— Partis, monsieur ; partis dans la nuit pour rejoindre leur corps, emportant avec eux celui de leurs camarades que vous avez si mal accommodé. »

A la confirmation de la perte de son unique trésor, le pauvre Joachim sentit sa raison prête à l'abandonner.

Un éblouissement passa devant ses yeux, ses jambes fléchirent, et il tomba sur une chaise privé de tout sentiment.

L'aubergiste s'empressa de lui jeter de l'eau au visage tout en ajoutant à ses soins quelques mots de consolation.

« Jeune homme, disait-il, jeune homme, revenez à vous ; le malheur n'est pas tout à fait si grand que vous le supposez. Ils n'ont pas tout pris, monsieur, ils n'ont pas tout pris.

— Hein? que dites-vous? murmura Joachim, auquel un reste d'espoir rendit des forces.

— Lorsque je me suis emparé du pan de votre habit, il y avait encore quelque chose dans la poche.

— Quoi demanda la victime d'une voix dolente.

— Deux florins, jeune homme, deux florins que je cours vous chercher. »

Et l'honnête aubergiste s'empressa d'apporter les deux florins, qu'il remit à Joachim avec d'autant moins de regret qu'il en avait, en réalité, trouvé six dans la petite bourse.

Probité que nous ne pouvons néanmoins nous empêcher de constater comme un fait bien rare et justement digne d'éloge. Combien peu parmi ses confrères, auraient consenti à rendre même cette minime partie de la somme.

Ceux de nos lecteurs qui ont fait le voyage des bords du Rhin ne voudront pas peut-être ajouter foi au trait que nous rapportons, tant il paraît invraisemblable de la part d'un aubergiste allemand.

Mais, dans son malheur, le pauvre Joachim était encore secouru par un destin favorable.

Sans mot dire, la douleur l'étouffait, il prit l'argent, paya, pour son souper de la veille, cinq kreutzers à l'hôte consciencieux, et reprit lentement le chemin du petit bois dans lequel il avait laissé son havre-sac et son bâton.

V

Des avantages de faire sa barbe en plein air en se
se mirant dans un ruisseau.

« Ruiné ! soupira Joachim lorsqu'il se retrouva seul au milieu du taillis qui lui avait servi d'alcôve la nuit précédente. Ruiné ! Le fruit d'un travail de sept années détruit ! anéanti ! Que vais-je devenir maintenant ! »

Le pauvre garçon se laissa aller sur l'herbe, en proie au plus violent désespoir. De grosses larmes coulaient en abondance sur ses joues ; les sanglots soulevaient sa poitrine. Il resta ainsi plus d'une heure, la pensée perdue dans l'abîme de sa situation présente.

« Deux florins! répétait-il, deux florins! De quoi vivre huit jours à peine, et j'en ai mis dix-neuf pour venir de Stendal jusqu'ici! Oh! Dieu m'abandonne. »

Enfin ses larmes tarirent, son front devint moins sombre, une résolution subite sembla s'être emparée de lui.

Se relevant vivement, il ramassa son havre-sac, reprit son bâton et frappant la terre avec énergie :

« Du courage! dit-il. Du courage! quoi! moi, Jean Joachim le philosophe; moi qui porte vers la science mes vœux et mes volontés, je me laisserais abattre par un revers de fortune? par la perte de quelques misérables écus? Non! non! mille fois non! J'aurai de l'énergie car je suis jeune et j'ai de la force. J'ai plus que de la force, j'ai de l'intelligence, je le sens là, et peut-être un jour dira-t-on que j'avais du génie! Avec les deux florins qui me restent, je ferai en sorte de gagner Gotha ou Cassel.

Je m'adresserai à l'université, je ne rougirai pas d'accepter les secours nécessaires pour retourner à Hall. Je travaillerai, je donnerai des leçons comme par le passé. J'amasserai de nouveaux florins, et lorsque ma fortune sera relevée, je recommencerai mon voyage.

Va! continua-t-il en étendant le bras avec un geste énergique, va! misère, je ne te crains pas!

Chacun de tes coups qui abat les autres hommes me relève au lieu de m'écraser! »

Puis fort désormais contre l'adversité, chassant jusqu'à l'ombre des chagrins qui obscurcissaient encore son front, il reprit bravement la route qu'il avait parcourue la veille.

Au moment où il sortait du petit bois, il se trouva en face d'une jolie rivière sur laquelle était jeté un pont de pierre d'une architecture toute gracieuse.

Joachim, séduit par le pittoresque du site et se sentant d'ailleurs moins pressé de se remettre en route depuis qu'il devait retourner sur ses pas, Joachim après avoir ôté son pauvre habit mutilé, s'assit sur un tertre voisin.

Ouvrant son havre-sac, il en retira d'abord le pan déchiré qu'il avait précieusement conservé; puis une petite boîte en carton dans laquelle se trouvaient des aiguilles, une paire de ciseaux et quelques écheveaux de fil noir et de fil blanc.

Il rapprocha tant bien que mal le tronçon du vêtement de la partie restante, et à l'aide d'une couture savante, qui ambitionnait les apparences du feston, il parvint à réparer à peu près le dégât causé par le sabre des grenadiers prussiens.

En moins d'une demi-heure d'attention soutenue et de piqûres successives, ce travail ingénieux se trouva terminé.

Joachim accrocha son habit sur un buisson, et s'éloignant de quelques pas en arrière, il cligna de l'œil pour mieux contempler l'effet.

Il est à présumer qu'il fut pleinement satisfait, car un sourire de contentement éclaira sa physionomie.

« Maintenant, dit-il, déjeunons; il doit me rester un morceau de pain au fond de mon sac. »

Bien décidément il était moralement guéri puisque l'estomac criait famine. Après ce repas frugal il descendit la berge de la petite rivière pour aller se désaltérer.

« Ah! Seigneur! que je suis laid! » s'écria-t-il en restant un moment penché sur le cristal de l'onde limpide qui lui renvoyait son image avec une fidélité désespérante.

C'est, qu'assombrie par une barbe de cinq jours, maculée par la sueur et par la poussière, les cheveux en désordre remplis de terre et de brins d'herbe, sa physionomie ne se présentait pas, comme on peut aisément se le figurer, d'une façon des plus galantes.

« Allons, continua-t-il gaiement, un peu de coquetterie ne saurait jamais nuire. Procédons à une toilette dont j'ai grand besoin. »

Ce disant, notre héros jeta autour de lui un coup d'œil investigateur. Il était parfaitement seul. Nul regard indiscret ne venait le gêner.

Dès lors, il dénoua sa cravate, la posa sur son habit, défit le col de sa chemise et tirant de sa poche un morceau de savon, il le trempa dans l'eau, laquelle, ainsi qu'il l'écrivit plus tard en racontant cette anecdote, « si elle n'était pas chauffée au degré convenable, se trouvait en revanche en grande profusion. »

Le menton dûment barbouillé de mousse, le corps penché en avant au-dessus de la rivière comme s'il eût voulu s'y laisser choir, mais en réalité pour se contempler plus à l'aise, Joachim après avoir passé délicatement son rasoir sur la paume de sa main gauche, le portait à sa gorge pour commencer l'opération, lorsque des cris aigus retentirent derrière lui.

« Arrêtez! arrêtez! » criaient deux voix.

Joachim effrayé se retourne. Une voiture lancée au galop venait sur lui. Elle s'arrête, deux dames sautent précipitamment sans même se servir du marchepied, courent à lui, qui, stupéfait, avait conservé la même position, et saisissant avec courage, au risque de se blesser, le rasoir tout ouvert :

« Malheureux ! disent-elles ensemble et comme d'une même voix. Malheureux ! qu'allez-vous faire ?

— Ma barbe ; » répond Joachim avec une naïveté laconique toute spartiate.

A ces mots les deux dames se regardent ; elles semblent pétrifiées.

Enfin un immense éclat de rire, mais d'un rire si franc, si impétueux, si irrésistible, que Joachim faillit se mettre de la partie tout en ignorant la cause qui le provoquait, succéda au silence qui avait suivi sa réponse.

Celui-ci, pendant que les deux dames se livraient sans contrainte à cette expansion d'hilarité, les examina de son œil clair et profond.

La première, celle qui avait précédé sa compagne et qui avait d'abord saisi la main portant le rasoir, la première, disons-nous, sur laquelle il fixa son attention, était une jeune fille de seize à dix-huit ans, brune comme une Italienne avec de grands yeux noirs impétueux.

Plutôt petite que grande, mais admirablement prise dans sa taille, elle portait avec une grâce et une distinction parfaites le délicieux costume du milieu du dix-huitième siècle.

L'autre dame, beaucoup plus âgée, et dont la ressemblance avec la jeune personne indiquait tout d'abord un proche degré de parenté, avait la physionomie empreinte d'un air de bienveillance et de bonté qui inspirait la confiance.

Elle n'avait jamais dû être jolie, mais l'esprit et la distinction régnaient dans toute sa personne.

Cet fut elle qui se remit la première, et adressant la parole à notre voyageur :

« Veuillez excuser notre folie, monsieur, dit-elle avec un charmant sourire, mais en vous apercevant ainsi de loin penché au-dessus de la rivière vous comme l'étiez et portant le rasoir à votre cou, nous avons cru à un acte de désespoir.

— Et, continua vivement la jeune fille, nous nous sommes précipitées, ma tante et moi, pour vous empêcher de vous couper la gorge.....

— Je vous remercie mille fois de l'intention charitable, mesdames, répondit Joachim en ayant peine à garder son sérieux, mais cette pensée de suicide était, je vous l'assure, bien loin de mon esprit.

— Nous sommes heureuses de nous être trompées, monsieur, reprit la première interlocutrice. Cependant vous avouerez que nous ayons pu ne pas deviner la vérité, car, d'ordinaire, on n'établit pas son cabinet de toilette en plein air, près de l'arche d'un pont.

— Cela est vrai, madame, mais vous devez le savoir : on fait ce que l'on peut plus souvent que ce que l'on veut, et, faute de chambre où je puisse m'habiller, faute de glace pour me mirer, je me suis installé sur la berge de la rivière, me servant du cristal des eaux pour miroir.

— Mon Dieu, monsieur, interrompit à son tour la jeune fille, vous n'avez donc pas de parents, pas d'amis dans ce pays pour manquer ainsi d'asile?

— Depuis longtemps je suis orphelin, mademoiselle. Quant à des amis, comment en aurais-je dans ce pays? C'est la première fois que j'y pose le pied ; je suis arrivé hier soir d'une longue route.

— Vous venez de loin, peut-être?

— De Hall, répondit Joachim en se retournant vers la tante.

— Et comment êtes-vous venu jusqu'ici?

— A pied, mesdames.

— A pied? exclamèrent les deux femmes.

— Oui ; en me promenant.

— Mais, monsieur, il y a quatre-vingt-dix lieues de Hall jusqu'ici.

— A peu près, mademoiselle.

— Pourquoi n'avoir pas pris une voiture ou un cheval?

— Mon Dieu! si j'étais orgueilleux, je pourrais alléguer le motif d'un acte de ma volonté ; mais je ne sais pas mentir, et si je suis venu à pied, c'est que ma bourse ne me permettait pas un autre mode de locomotion.

— Pauvre jeune homme! dit la vieille dame avec attendrissement.

— Pauvre d'argent, hélas! oui, madame, reprit Joachim avec un peu de fierté; mais riche d'avenir, et peut-être, dira-t-on un jour, riche de science!

— Vous êtes philosophe?

— Philosophe stoïcien, madame, et je mets en application la maxime : *Sequere Deum.* » Ce qui veut dire : *Abandonne-toi à ce que le sort te présente*. Maintenant, je dois dire encore, pour être vrai, que jusqu'à ce jour, continua-t-il en s'inclinant poliment, le sort ne m'avait présenté qu'une suite de catastrophes plus ou moins cruelles; mais n'importe! je vois mon but : j'y arriverai.

— Et quel est ce but ?

— L'étude, madame, l'étude, cette joie du malheureux, cette richesse du pauvre, cette consolation de l'affligé, cette étoile lumineuse enfin qui nous guide toujours au milieu des orages ! Oh ! oui, un jour viendra où, ayant brisé tous les obstacles, je me dresserai fort et puissant ; un jour viendra où mon nom sera respecté de tous, où ma voix sera entendue ; car, si l'étude est ma passion, la gloire est mon but. »

Les deux dames se regardèrent encore.

Elles étaient étonnées de trouver tant d'élévation d'esprit dans un jeune homme d'un extérieur si simple et si modeste.

Joachim, lui, sous l'empire de ses pensées, paraissait avoir oublié et le négligé de son costume, et la présence de ses deux interlocutrices.

Enfin, la vieille dame reprit gravement :

« Je suis, monsieur, la baronne de Blünner ; mon mari est officier général au service de la Prusse. Je vous présente ma nièce, fiancée au sénateur Ambrosio Speroni, riche patricien de Vérone. Vous voyez, n'est-ce pas, que nous ne sommes pas des aventurières ?

— Oh ! madame, exclama Joachim devenu subitement cramoisi.

— Laissez-moi continuer, mon enfant, interrompit la baronne avec un sourire plein d'angélique bonté. Votre physionomie honnête, votre air distingué, votre éducation, votre désir enfin, tout cela qui parle en votre faveur, ne cache pas la mélancolie qui règne dans vos yeux et sur votre front. Vous avez un chagrin profond, j'en suis certaine, et si je vous ai parlé de moi tout à l'heure, c'est afin que vous sachiez que j'ai droit à votre confiance. Ne voyez pas, je vous en prie, dans mes paroles une question banale et indiscrète. C'est une noble confidence que je sollicite et dont je vous serai à jamais reconnaissante. Par mon rang, par ma position dans le monde, par ma propre influence ou par celle de mes amis, peut-être pourrais-je vous être utile. Pour moi, la meilleure des bonnes fortunes est de pouvoir secourir, dans le malheur, les âmes faites pour la joie de leurs semblables, qui souvent les accablent du poids de leur injustice. Parlez, mon enfant, parlez donc avec confiance. »

En prononçant ce petit discours d'une voix douce et suave, d'un air simple et persuasif, la baronne de Blünner avait pris la main du jeune homme.

Celui ci, touché au cœur par l'expression de cette bonté franche et sublime que sa noble nature comprenait si bien, sentait ses paupières se voiler de douces larmes, sa main trembler dans celles de sa nouvelle protectrice, son âme s'entr'ouvrir comme le calice d'une fleur, pour aspirer sans en perdre une seule, ces paroles, fraîches comme la rosée, consolantes comme celles d'un bon ange.

« Oh! dit-il d'une voix brisée par l'émotion, vous me sauvez plus que la vie, car vos nobles sentiments grandissent mon intelligence, réalisent mes rêves d'avenir. Merci, madame! je vous jure que je serai toujours digne de vous et de votre bonté. »

Puis, prenant la main de la baronne et celle de sa nièce, il les conduisit vers le petit tertre dont nous avons parlé.

Elles s'assirent, lui entre elles deux.

Là, sans embarras, sans modestie feinte, il raconta longuement les détails de sa vie entière, sa jeunesse et ses rêves d'ambition, son travail et ses espérances, son voyage et ses incidents.

Il parla avec une expression de vérité si naïve et, pour ainsi dire, si palpable, avec une noblesse si grande et si énergique que, les yeux fixés sur les siens, la pensée se fondant dans la sienne, les deux femmes l'écoutèrent dans le plus religieux silence.

Elles s'attendrirent au souvenir du malheureux Jean et à celui du digne pasteur, suivirent avec ardeur les travaux scientifiqnes du jeune écolier, sourirent à ses espérances, applaudirent à la résolution de ses voyages en France et en Italie, et finirent par laisser éclater leur gaieté lorsqu'arriva l'aventure de la nuit précédente.

« Bref, dit Joachim en terminant, me voyant sans argent et sans ressources, j'ai pris la résolution de chercher une nouvelle place pour recommencer mes travaux et reconstruire ma fortune, car je supporterai tout, misère et privations, pour suivre la route que je me suis tracée, et atteindre le but que je me propose.

— Oh! vous réussirez, soyez-en certain ! s'écria la jeune fille avec entraînement.

— Écoutez, monsieur, ou plutôt mon cher enfant, dit à son tour la baronne ; je n'ai aucunement la prétention d'être savante, mais mon père avait coutume de répéter : « *Fata viam inveniunt;* » le destin sait nous guider. Je crois que cette maxime appartient, elle aussi, à l'école stoïcienne, et qu'elle peut faire suite à celle que vous m'avez citée. Laissez-vous donc guider par le destin qui nous a mises sur votre route ; ne voyez pas une offense dans mes offres de service. Je suis riche, un hasard malheureux vient de vous appauvrir ; ce n'est pas un don que je vous prie d'accepter, c'est un prêt dont vous honorerez ma confiance. »

Et l'excellente femme tendait timidement à Joachim une bourse bien garnie.

« J'accepte, madame, j'accepte, fit noblement le jeune savant. Ce serait méconnaître votre bonté ; ce serait insulter à la Providence que de repousser votre main. Le Seigneur m'envoie deux de ses anges ; je ferai ce qu'a fait Tobie, je les suivrai. Mais, continua-t-il en cherchant à raffermir sa voix, cette bourse est trop lourde pour un homme jeune et vigoureux auquel son travail doit suffire. Permettez-moi de ne prendre que cinq frédérics d'or. Avec cette somme, j'attendrai facilement un emploi.

— Que nous pouvons vous procurer, interrompit la jeune fille avec vivacité, puis se tournant vers sa tante : N'est-ce pas, qu'un mot de vous au colonel suffirait pour faire entrer monsieur chez le savant comte de Blunau ?

— Tu as mille fois raison, chère Elisabeth, donne-moi vite ton carnet de voyage. »

La belle enfant tira de sa poche un charmant portefeuille qu'elle présenta à sa tante.

Celle-ci le prit et traça quelques lignes sur une feuille blanche qu'elle arracha.

« Votre nom ? demanda-t-elle en souriant sans cesser d'ecrire.

— Mon père s'appelait Jean et moi je me nomme Joachim.

— Mais Jean et Joachim ne sont pas des noms de famille.

— Sans doute, madame, aussi en ai-je un autre que je m'étais juré de ne prononcer qu'au moment de le rendre illustre. Mais ce serait manquer à tout ce que je vous dois, que de le taire plus longtemps. écrivez donc, madame, que vous sollicitez en faveur de Joachim Winckelmann.

— Eh bien, monsieur Winckelmann, voici un mot de recommandation pressante pour le colonel Stolmann, en garnison à Ostelbourg. Soyez sans crainte ! il vous procurera facilement tout ce que vous pouvez désirer. Maintenant, continua-t-elle en tendant à Joachim une main que celui-ci mouillait de ses larmes et couvrait de baisers, maintenant il faut nous séparer, peut-être pour ne plus nous revoir.

— Oh ! ne dites pas cela ! s'écria le jeune homme. Laissez-moi l'espoir d'être à même un jour de vous exprimer toute l'étendue de mon dévouement.

— Oui, oui, dit Élisabeth, non pas adieu, mais au revoir. »

Et les deux femmes, serrant avec effusion la main de leur protégé, s'éloignèrent le cœur rempli par la joie de leur noble action.

Elles atteignirent leur voiture qui les emporta rapidement.

Joachim, immobile, suivant des yeux un mouchoir blanc qu'une petite main agitait à la portière, resta dans la même position jusqu'à ce que la voiture eût entièrement disparu dans un tourbillon de poussière, soulevée par le galop des chevaux.

Alors, joignant les mains, il murmura une courte prière.

Puis, prenant son habit qu'il remit lentement, il ramassa son havresac et son bâton.

En ce moment, un homme de trente à trente-deux ans, richement vêtu, portant l'épée, écarta les branches du taillis auquel était adossé le petit tertre témoin de la scène qui venait de se passer. Cet homme s'avança sur la route et frappa familièrement du plat de sa main sur l'épaule de Joachim, qui tressaillit brusquement.

VI

Un souvenir de famille.

Joachim surpris, regarda son nouvel interlocuteur qui s'annnonçait d'une manière si inattendue.

De son côté, le personnage dont nous venons de parler jeta un long et pénétrant regard sur le jeune homme. Le premier il rompit le silence.

« Vous êtes né à Stendal ? lui dit-il.

— Oui, reprit Joachim, de plus en plus étonné.

— Dans la nuit du 9 décembre 1717 ? continua l'étranger.

— Oui, fit encore le voyageur.

— Votre père se nommait Jean et était armurier de son état.

— Oui, monsieur.

— Votre mère est morte en vous mettant au monde.

— A quel propos me rappelez-vous ce triste souvenir?

— Répondez, vous le saurez.

— Et s'il ne me plaît pas de répondre?

— Il le faut.

— Il le faut? répéta Joachim dont le grand œil bleu lança un éclair.

— Il le faut! accentua nettement l'inconnu.

— Mais!...

— Mais! je vous le répète, vous saurez bientôt pourquoi je vous interroge. Au reste, je termine : vous vous nommez Jean-Joachim Winckelmann?

— Eh bien! cela est vrai.

— Vous êtes parti de Hall, il y a dix-neuf jours aujourd'hui?

— Je ne le nie pas.

— Vous ne pourriez le nier, d'autant moins que je vous ai suivi sans vous perdre de vue.

— Vous?

— Moi-même.

— Dans quel but?

— Dans celui de vous parler.

— Pourquoi alors ne l'avoir pas fait plus tôt ? demanda Joachim, qui pensa que son interlocuteur était fou.

— Parce qu'il me fallait une occasion. Vous avez été volé hier soir ?

— Certes !

— C'est moi qui en avais donné l'ordre.

— Ah ! c'est vous qui m'avez fait attaquer par ces damnés soldats ! s'écria Joachim en faisant rapidement tourner son bâton.

— Oui, c'est moi, continua rapidement l'étranger.

— Eh bien, alors ! vous allez payer séance tenante les douleurs que vous m'avez causées.

— Bah ! douleurs oubliées ! n'êtes-vous pas riche maintenant, ne possédez-vous pas cinq frédérics d'or et une lettre de recommandation pour le colonel Stolmann, lettre que la baronne de Blünner vient de vous remettre ?

— Comment savez-vous cela ?

— J'étais caché là, j'ai tout entendu.

— Ce qui signifie ?... demanda le jeune homme de plus en plus intrigué et menaçant.

— Ce qui signifie, monsieur Jean-Joachim Winckelmann, que vous pouvez garder les cinq frédérics d'or puisés dans la bourse de l'obligeante baronne, mais que la lettre, vous allez me la remettre. »

Cette fois, Joachim ne répondit pas, mais il partit d'un fol éclat de rire.

L'inconnu se croisa les bras de l'air le plus calme et attendit.

« Ah çà, mon cher monsieur, pardon, mais vous qui savez si bien le nom des autres, serait-ce indiscret de vous demander le vôtre? dit Joachim en reprenant son sérieux.

— Nullement. Je me nomme Gaëtano.

— Eh bien, mon cher monsieur Gaëtano, je vous donne ma parole d'honneur, que si j'avais le temps de causer avec vous, ce serait avec le plus vif plaisir que je prolongerais l'entretien, car vous paraissez fort divertissant; mais j'ai une longue route à faire, j'ai peu marché depuis ce matin, il est tard, et je ne puis vous écouter davantage.

— Alors donnez-moi cettre lettre sans plus tader .

— Pourquoi faire?

— Je ne veux pas pas que vous alliez à Ostelbourg.

— Ah çà! vous êtes fou!

— Je suis si peu fou, que je vous propose un échange.

— Qui est de...?

— De troquer la lettre de la baronne contre ces deux billets que voici. »

Ce disant, Gaëtano tirait de son sein deux papiers qu'il montrait à Joachim en portant la main à la garde de son épée.

« Et que contiennent donc de si précieux ces deux papiers?

— Ce qu'un fils doit avoir de plus cher au monde, l'honneur de son père.

— L'honneur de mon père! s'écria le jeune homme en faisant malgré lui un pas en avant.

— Oui, l'honneur de Jean, l'armurier de Stendal!

— Ecoutez, monsieur, reprit Joachim après un silence, si vous raillez, prenez garde, je suis vigoureux, peu patient, et votre épée est moins longue que mon bâton. Si vous parlez sérieusement, expliquez-vous promptement et sans tarder davantage.

— Soit... entrons dans le bois. La grande route ne convient pas à la conversation que nous devons avoir ensemble.

— Eh bien! entrons dans le bois. »

Les deux hommes s'enfoncèrent dans le taillis.

Arrivés à une clairière, Gaëtano s'arrêta.

« Demeurons ici, dit-il.

— Parlez vite! répondit Joachim en se débarrassant de son havre-sac, mais en conservant son bâton à la main.

— Jean-Joachim, commença l'inconnu, avez-vous entendu dire à votre père qu'avant votre naissance il était plongé dans la plus profonde détresse?

— Jamais à lui-même, monsieur, mais je l'ai appris depuis que j'ai eu le malheur de le perdre.

— Vous a-t-on dit au moins que cette misère était telle qu'il n'avait plus de quoi manger, et que faute d'argent pour acheter du pain votre mère allait mourir, avant même que vous ne vissiez le jour, de sorte que le malheureux armurier était menacé de perdre à la fois sa femme et son enfant?

— Mon pauvre père! murmura Joachim.

— Si vous l'ignoriez, je vous l'apprends, car à cette époque j'ai connu votre père.

— Vous, monsieur?

— Oui, moi! continua gravement Gaëtano. Or, le soir même qui précéda votre naissance, votre mère était au plus mal, et votre père n'avait pas mangé depuis trente-six heures. Pâle, désespéré, fou de douleur et de misère, il appelait l'enfer à son secours. Satan l'entendit. Un homme vint frapper à la porte de l'armurier et lui proposa de le suivre s'il voulait gagner une récompense.

— Après? dit Joachim, suspendu tout entier au récit de son singulier interlocuteur.

— Votre père accepta. Il demeura deux heures absent. Au bout de ces deux heures, il rapportait cinq cents frédérics chez lui, vous veniez au monde et votre mère mourait; mais elle mourait entourée de soins, que grâce à cet argent votre père pouvait lui procurer.

— Mais cet argent, comment mon père l'avait-il eu?

— En commettant un crime!

— Un crime!

— Un crime, je le répète.

— Oh! vous en avez menti! » s'écria Joachim en bondissant sur Gaëtano.

Celui-ci se recula d'un pas pour éviter l'étreinte du jeune homme et étendant la main vers lui.

« Vous oubliez que je possède les preuves de ce que j'avance.

— Ces preuves! où sont-elles?

— Les voici. Lisez ces deux papiers déposés sur une table sanglante dans la salle basse de l'hôtel Polonato, la nuit dont je viens de vous parler. Voici le premier : « Je meurs assassiné par Jean l'armurier. Stendal, le 9 décembre 1717. Signé : marquis Polonato. »

— Vous voyez bien que vous mentez! fit Joachim, car le marquis Polanoto vivait même après la mort de mon père, je l'ai vu, je l'ai connu.

— Vous parlez du marquis Matteo; celui dont il s'agit était son père, et il avait à cette époque près de quatre-vingts ans.

— Infamie !

— Vous doutez? Eh bien! passons au second écrit, voici ce qu'il renferme : Moi, Jean Winckelmann, je reconnais que cette nuit même, 9 décembre 1717, j'ai assassiné le vieux marquis Polonato. Votre père a signé. Reconnaissez-vous l'écriture? »

Et Gaëtano désignait le billet au jeune homme, mais cette fois il avait son épée nue à la main.

Joachim sentit ses cheveux se hérisser sur sa tête, son œil devenir hagard, il roula évanoui aux pieds de son interlocuteur.

Joachim avait reconnu l'écriture de son père, il ne pouvait douter.

Gaëtano, relevant le jeune homme, lui fit respirer un flacon qu'il portait sur lui.

Puis il remit les deux lettres dans son sein, et, son épée toujours nue, il attendit.

Joachim rouvrit les yeux.

Son premier regard tomba sur Gaëtano.

Cette vue produisit sur lui l'effet d'une commotion électrique.

Il se releva d'un seul bond.

« Ces papiers? fit-il d'une voix qui n'avait plus rien d'humain. Ces papiers, il me les faut!

— Je vous ai proppsé un échange, répondit Gaëtano.

— Oui, oui, mais lequel, je ne me rappelle plus.

— Cette lettre de la baronne.

— C'est vrai. »

Il prit le billet de la baronne, et il allait le remettre, lorsque soudain une pensée l'arrêta.

« Pourquoi êtes-vous venu me proposer ce marché? demanda-t-il.

— Parce qu'il m'est avantageux?

— Expliquez-vous!

— Vous le voulez?

— Oui, je l'exige.

— Eh bien! je serai clair. Au reste, mieux vaut en finir de suite.

— J'écoute.

— Cette lettre vous donne accès chez le comte de Blunau, cette lettre vous met à tout jamais à l'abri de la misère, et j'ai besoin que vous soyez misérable. Je suis franc, n'est-ce pas?

— Je ne vous comprends pas.

— Je m'explique.

— Faites-le donc, car vous voyez que j'attends.

— J'ai besoin que vous soyez dans la misère, parce qu'il faut que vous soyez à moi. C'est pourquoi je vous ai fait voler. Je vous tenais entre mes mains, lorsque la baronne est venue à votre secours. Vous êtes pauvre, vous rêvez les voyages et les études. Vous êtes jeune et vigoureux, vous pouvez me servir. Je veux que la richesse dont vous avez besoin vous ne la teniez que de moi seul. Ecoutez encore, et cette fois écoutez attentivement. Votre père a gagné cinq cents frédérics en assassinant le marquis Polonato, je vous offre la même somme pour accomplir le même acte sur la personne de son fils. »

La proposition si claire et si limpide de Gaëtano offrait si peu de prise au doute, que Joachim ne trouva pas un seul mot pour répondre.

« Le premier acte de ce marché, continua Gaëtano, sera la restitution de ces lettres qui peuvent flétrir la mémoire de votre père et le nom que vous portez. Ensuite, nous doublerons la somme, ce sera une fortune.

— Donc, fit tout à coup Joachim, qui sembla avoir pris une résolution, c'est un crime que vous me proposez?

— Vous parlez avec une crudité désespérante, jeune homme. On ne nomme criminels que ceux que la loi punit. L'action dont je vous parle sera entourée du plus profond mystère, vous serez à l'abri de toutes recherches. De grands personnages ont intérêt à la mort du marquis actuel, dont le fils est en Italie. C'est une simple suppression que je vous propose. Eh bien!... supprimez!

— Alors, pourquoi me demander la lettre de la baronne?

— Parce que, je vous le répète, cette lettre vous met à l'abri de la misère, que vous pourriez hésiter entre la mémoire de votre père et votre conscience, mais que, la nécessité aidant, vous n'hésiterez plus.

— Je comprends.

— Et vous répondez?

— Ah! vous voulez une réponse?

— Sans doute.

— Eh bien, la voici : ces lettres que vous venez de me montrer et auxquelles je ne veux pas croire, ces lettres il me les faut sur l'heure. Vous me proposez un crime, j'accepte. Seulement la victime ne sera pas la même, car c'est vous qui allez mourir. »

En parlant ainsi, le jeune homme poussa un sourd rugissement et se précipita sur Gaëtano.

Celui-ci leva son épée, mais l'acier vola en éclat sous le bâton de chêne du jeune homme.

Alors commença un combat étrange, terrible, qui ne pouvait se terminer que par la mort de l'un des adversaires.

Joachim était effrayant de rage et de douleur.

Souple, alerte, vigoureux, froidement résolu, il voulait tuer d'abord son ennemi, dût-il mourir ensuite.

Gaëtano, calme et froid, avait évité la première attaque.

Son épée, brisée, il tira un pistolet de sa ceinture et en tournant le canon menaçant vers la poitrine du pauvre jeune homme :

« Prenez garde ! » dit-il.

Joachim ne l'écouta pas, ou plutôt ne l'entendit pas. Il avança.

Gaëtano l'évita encore, toujours le menaçant de son arme.

Joachim, complètement ivre de colère et insouciant du danger, bondit comme un tigre le bâton haut.

Gaëtano pressa la détente, le coup partit; mais par un bien heureux hasard, la balle, au lieu d'atteindre Joachim, brisa le bâton qu'il portait.

Tous deux étaient désarmés.

Gaëtano alors changea de tactique.

Comprenant que sa vie était sérieusement menacée, il enfonça sa main gauche sous le revers de sa veste, et au lieu d'éviter son adversaire, il fit un pas en avant.

Son pied glissa sur un caillou caché sous la mousse.

Il chancela, voulut se retenir, mais en vain, il tomba sur un genou.

Joachim était sur lui.

Le renversant sur la terre, il le saisit à la gorge.

Gaëtano poussa un cri étouffé, sa figure s'empourpra, les veines de son cou se gonflèrent à rompre sous la pression des doigts du jeune homme, il étranglait.

Le misérable allait mourir si personne ne venait à son secours.

Tout à coup, Joachim poussa un cri, se rejeta

en arrière, et à son tour roula sur l'herbe, qu'il ensanglanta dans sa chute.

Gaëtano profitant d'un mouvement de son ennemi pour dégager sa main droite, armée d'un long stylet, avait enfoncé le fer dans le flanc gauche du jeune homme.

« La peste soit du drôle, murmura-t-il en se relevant. Il m'a aux trois quarts étouffé et contraint à le tuer. »

Joachim, en effet, était étendu sans mouvement aux pieds du misérable.

Une large blessure dont le sang coulait à flots, était béante au-dessus de la hanche gauche.

Une écume rougeâtre embarrassait sa bouche, ses yeux, fixement ouverts, s'éteignirent peu à peu.

Ses doigts crispés dans les convulsions de l'agonie, labouraient la terre, puis ils se détendirent, et le corps entier demeura sans mouvement.

— Corpo di Baccho ! s'écria Gaétano. Il est mort et bien mort! J'ai eu la main trop lourde, j'aurais dû le blesser seulement. Où diable maintenant trouver l'homme qu'il me faut!... »

Il s'arrêta, puis reprenant au bout de quelques minutes de réflexion :

— J'avais cru que le crime était héréditaire dans cette famille comme dans l'autre. Aussi, pourquoi ce drôle se mêle-t-il d'avoir de la conscience! Tant pis pour lui! Voyons seulement s'il porte quelques papiers qui puissent m'être utiles. »

Et Gaétano s'agenouillant près de sa victime, se mit en devoir de le fouiller.

Au moment où il portait la main sur le cadavre, un bruit de galop de chevaux retentit sur la route.

Gaétano se releva vivement et s'enfonça dans le bois.

VII

Venise.

A l'extrémité nord-est de l'Italie, au fond de ce vaste golfe formé par la Méditerranée entre les États de l'Église, le royaume de Naples, la Dalmatie et l'Albanie, et que l'on nomme la mer Adriatique, s'étend une sorte de territoire neutre formé par le limon de plusieurs fleuves. En effet, l'Isonzo, le Livenza et le Tagliamento descendus des Alpes, la Piave, la Musone, la Brenta, l'Adige alimentées par les neiges du Tyrol, et le Pô grossi de toutes les eaux des Alpes et des Apennins, arrivant à l'angle occidental du golfe et entraînant avec eux les terres que leurs courses impétueuses ne leur a pas permis de déposer dans leur lit, se jettent dans la mer vers un point commun, et forment un bassin aux contours irréguliers, enclavé dans le continent par un nombre infini de petites îles.

Ce bassin, qui n'est déjà plus la terre, mais qui pourtant n'est pas encore la mer, possède une longueur d'environ trente-deux milles géographiques, sur une largeur qui varie de quatre à six, sept et huit milles. Il se nomme la Lagune, et la digue naturelle des îlots qui le protégent contre les vagues a reçu le nom de Lido, du mot italien *lido* qui signifie rivage. Cette lagune, dont nous venons de parler, se divise elle-même en trois parties bien distinctes.

La première se compose de marais, à base d'argile fangeuse, qui se trouvent constamment à fleur d'eau, elle se nomme Barene.

La seconde, composée également de marais moins élevés et recouverts entièrement par le flux, a reçu le nom de Velme (de *melma*, boue).

Enfin s'élève au-dessus des marais et des eaux, à l'abri des plus hautes marées, la troisième partie de la lagune, formée de terrains toujours secs que la main des hommes a successivement agrandis, mais qui, ainsi que les petites îles que nous avons désignées sous le nom générique de Lido, sont interrompus, de distance en distance, par des coupures au moyen desquelles la mer communique avec la lagune.

C'est là que, placée comme un défi que le génie des hommes a lancé à la toute-puissance du Créateur, s'élève, fière, majestueuse et libre, l'antique ville de Venise, la reine des flots!

Venise la belle, que tant de poètes ont décrite, Venise la puissante, qui n'est plus aujourd'hui qu'un port autrichien, n'avait pas encore perdu toute sa force à l'époque à laquelle nous en parlons. Elle avait bien été contrainte d'abandonner ses possessions d'Orient, ses colonies de l'Archipel; mais, redoutée encore par sa valeur, puissante par l'obscurité de sa politique, qui savait frapper hardiment tout ce qui s'opposait à la volonté du Conseil, elle portait haut et superbe son front qui ne s'était humilié qu'une fois devant la France.

C'est donc à l'ancienne république que nous allons avoir affaire, à la vieille cité des doges, du Livre d'or, des courtisanes et des bravi!

Au milieu du concours habituel d'étrangers de tous pays, au centre des casini, des palais et des maisons de toutes sortes, au sein d'une population vive et énergique, une des choses qui frappe le plus en mettant le pied dans Venise, c'est le silence.

Au cœur même de la ville, au milieu de la place Saint-Marc, rendez-vous continuel de la plèbe et de la noblesse, on entend à peine un léger bourdonnement qui, seul, révèle la vie de cent mille hommes. La cause de ce phénomène, incompréhensible partout ailleurs qu'à Venise, c'est qu'il n'y a là ni voitures, ni chevaux, ni charrois d'aucune espèce.

La race chevaline y est complètement inconnue, et des milliers de Vénitiens n'ont jamais vu d'autres coursiers que ceux qui décorent le portail de Saint-Marc.

Les piétons n'existent guère davantage; car, bien que l'on puisse presque entièrement parcourir la ville au travers d'un labyrinthe inextricable de petites ruelles et de quais exigus bordant les maisons, ces voies de circulation interdisent, par leur étroitesse, le passage à plus de trois hommes de front, et trois hommes fort minces encore; elles font, en outre, tant de circuits, tant de détours, qu'elles triplent aisément le chemin que l'on ferait en gondole.

Aussi, la gondole est-elle au Vénitien ce qu'est l'habit à l'homme civilisé. Elle fait partie de son existence, elle entre pour moitié dans ses moindres actions.

La gondole est une barque longue, un peu plus large que la yole, mais aussi élancée, d'une longueur variant de quinze à trente pieds. Ses extrémités recourbées comme les souliers à la poulaine du quinzième siècle, sa proue armée d'une large dent de fer ciselée, sa cabine étroite et basse à l'arrière, tout cela offre au premier coup d'œil un aspect original et gracieux. Placez maintenant deux hommes, deux gondoliers à chacun des côtés de cette barque, une longue rame, une seule par homme, à la main, regardez-les debout et manœuvrant avec une dextérité incroyable, et vous verrez la gondole voler sur la lagune avec une célérité qui laisserait de loin en arrière un excellent attelage anglais (1).

(1) Que l'on ne nous taxe pas d'exagération lorsque nous comparons la vitesse des gondoles à celle des chevaux anglais (non pas des chevaux de course, mais de ceux des meilleurs attelages). Ainsi, aux régates de 1846, auxquelles assistaient l'impératrice de Russie et la grande-duchesse Olga, sa fille, la distance à par-

La gondole est donc la voiture du Vénitien, et c'est un curieux spectacle que celui de suivre sur les canaux les plus fréquentés ces milliers de barques qui se mêlent, se croisent, se dépassent avec une précision et une adresse merveilleuse. Les gondoliers sont les dignes émules des cochers de Paris ou de Naples.

On comprendra donc que l'emploi de ce léger véhicule glissant doucement sur les canaux, transportant sans bruit les habitants et les marchandises, loin de troubler le silence, contribue à le rendre plus solennel encore.

La nuit surtout, cette morne tranquillité a quelque chose d'effrayant et de lugubre.

Vingt-six ans se sont écoulés depuis le jour où s'étaient passés les événements rapportés dans le dernier chapitre.

Nous sommes donc à Venise, sur la place Saint-Ange, la nuit du 3 juin 1768.

---

courir était de quarante milles vénitiens, soit 8350 mètres, dont 5751 contre le courant et la marée. Neuf gondoles étaient engagées, et lorsque le vainqueur (gondole n° 2 vert clair) arriva au but, situé entre le palais Foscari et le palais Balbi, le parcours avait été franchi en moins de trente-deux minutes, un peu moins de quatre minutes par kilomètre. Or il n'est pas probable que les gondoliers du temps passé fussent moins adroits et moins agiles que ceux de cette époque. (*Note de l'auteur.*)

Il est deux heures du matin. Le ciel, parsemé d'étoiles scintillantes, étend sa brillante obscurité sur le golfe Adriatique. Quelques maisons seules, au milieu des masses noires, offrent sur leur façade des fenêtres éclairées. Une entre autres, située à l'angle de la place, semble vouloir illuminer le canal qui la borde, de sa joyeuse clarté. Cette maison, ou pour mieux dire ce palais, car c'est un véritable palais seigneurial que ce majestueux bâtiment avec sa riche architecture moyen âge, ses chapiteaux gothiques, ses ogives sculptées et sa banderole armoriée qui se déroule fièrement au sommet de l'édifice, ce palais, disons-nous, respire par ses fenêtres un air de fête et de plaisir.

C'est que le noble seigneur Carlo Contarini, son propriétaire, recevait cette nuit-là toute la noblesse inscrite au Livre d'or de Venise et Marco Foscarini, que deux jours avant le sénat avait investi du titre de doge, daignait prendre part à la fête.

Aussi tout ce que la ville renfermait de noble et d'illustre s'était hâté de se rendre au palais Contarini. Dès neuf heures, une foule de gondoles blasonnées, décorées avec un goût et une richesse incroyables, avaient déposé sur le perron, recouvert d'un tapis de velours écarlate, les seigneurs patriciens et les nobles dames. Quelques rares étrangers avaient été invités, mais encore avait-on choisi les plus grands personnages et les plus illustres artistes qui se trouvaient dans la capitale des Etats vénitiens.

Cette fête, au reste, était plutôt une présentation de la noblesse au doge qu'un bal ou qu'une soirée. Ce qui fait qu'à minuit le seigneur Marco Foscarini ayant jugé convenable de se retirer, les autres invités l'imitèrent peu à peu. Les riches gondoles disparurent, les domestiques encombrant le portique précédèrent leurs maîtres en éclairant le perron de torches de résine ; les dames s'enveloppèrent dans de longues pelisses nommées *fazzuoli*, et tout ce monde, qui garnissait le palais de velours, de diamants et d'or, glissa sans bruit sur les sombres lagunes dont les eaux phosphorescentes laissaient une longue traînée de feu dans le sillage des barques.

L'excuse donnée pour cette retraite prématurée était plausible. Le lendemain le nouveau doge, porté par le Bucentaure, allait épouser sa fiancée : la mer ! On conçoit dès lors que chacun avait hâte de courir veiller aux préparatifs pour paraître dignement à la cérémonie solennelle.

Aussi, à l'heure où nous conduisons le lecteur sur la place Saint-Ange, le palais, encore illuminé, ne devait plus contenir que quelques amis intimes du maître, car une seule gondole stationnait au bas de l'escalier.

Cette gondole, tendue simplement de couleur noire, ressemblait plutôt à une embarcation de louage qu'à une barque particulière. Deux hommes la gardaient.

L'un, mollement étendu à la proue, chantait d'une assez jolie voix une strophe du Tasse, à laquelle répondait par la suivante l'autre gondolier qui se tenait debout appuyé à la cabine de l'arrière.

Cette poétique distraction fut interrompue tout àcoup par l'arrivée de deux nouveaux personnages enveloppés chacun dans un long manteau rouge, conme c'était alors la grande mode parmi la jeunesse élégante.

Ces deux personnages sortaient ensemble du palais Contarini, et paraissaient livrés à une conversation des plus intimes, à en juger par la vivacité avec laquelle les paroles s'échangeaient, et par la façon toute amicale dont ils marchaient près l'un de l'autre, le plus grand des deux ayant son bras passé sous celui de son compagnon.

Les deux hommes, ayant atteint les dernières

marches du perron du palais que baignaient les eaux sombres des lagunes, s'élancèrent successivement dans la gondole stationnaire.

A peine furent-ils installés dans le petit salon que le génie des constructeurs vénitiens sait si bien improviser à bord de chaque embarcation, que les gondoliers poussèrent au large.

« Piétro, dit l'un des deux personnages en avançant la tête en dehors de la cabine, fais-nous faire le tour par le Lido ; tu rentreras par le grand canal. »

La barque inclina sa proue et vogua lestement, remontant le canal pour suivre l'itinéraire indiqué.

Les deux amis avaient repris leur conversation intime.

« De sorte que, mon cher Winckelmann, dit le plus petit et le plus jeune, vous n'avez jamais revu cet homme qui a failli être votre assassin ?

— Jamais, mon bon César, répondit Winckelmann.

— Et vous n'avez pas su s'il s'appelait réellement et seulement de ce nom de baptême, Gaëtano, qu'il vous avait donné ?

— Je n'ai jamais entendu parler de lui jusqu'au jour où je le rencontrai, il y a deux ans.

— Mais enfin vous êtes aujourd'hui sur les traces du coupable ?

— Je le crois.

— Diable, vous avez la vengeance tenace, après vingt-six ans écoulés.

— Ah! fit Winckelmann, ce n'est pas le crime dont j'ai failli être victime que je veux venger; c'est la mémoire outragée de mon pauvre père. Ce Gaëtano a montré un écrit, un faux forgé avec une adresse infernale; écrit que je veux à tout prix anéantir après en avoir fait punir l'auteur.

— Mais que vous est-il arrivé après avoir été laissé pour mort sur la place? Votre histoire dont vous venez d'entamer la confidence, m'a trop vivement impressionné jusqu'ici pour que je vous permette d'en suspendre encore le récit. Dussé-je passer la nuit à vous entendre, je connaîtrai toute votre vie; d'ailleurs, vous savez si je vous aime sincèrement.

— Je le sais, César. Vous m'avez donné très-souvent, depuis le peu de temps que nous sommes liés, des preuves incontestables d'attachement. Aussi, vous le savez également, et je vous le prouve ce soir en vous ayant confié, au milieu du bruit de cette fête, les événements singuliers de ma jeunesse je vous regarde comme mon meilleur, mon seul ami. »

César saisit les mains que lui tendait Winckelmann et les serra affectueusement dans les siennes.

« Donc, reprit-il, la fin de la confidence. »

VIII

Le Savant

— Eh bien ! dit Winckelmann, après avoir perdu ma précieuse lettre, je ne m'en dirigeai pas moins vers Ostelbourg, où je trouvai le colonel Stolmann auquel m'avaient recommandé mes généreuses protectrices. Heureusement elles lui avaient écrit le lendemain de notre rencontre, de sorte que, en dépit du crime de Gaëtano, je trouvai bon accueil chez l'officier. Les recherches qu'on fit pour retrouver mon aasassin furent infructueuses, et bientôt je dus renoncer à l'espoir de voir punir son odieux forfait.

Je travaillai. En 1748, j'entrai comme bibliothécaire chez le comte de Bunau, auteur d'une histoire de l'empire d'Allemagne.

Là, dans cette maison opulente, amie des arts, je me sentis renaître. J'habitais près d'une capitale où les collections d'art abondent, où résidaient alors des artistes et des archéologues distingués.

Ce fut là que je connus encore le nonce Archinto et que l'idée de me faire catholique de protestant que j'étais, pour voir et habiter à mon aise la capitale du monde chrétien, germa dans mon esprit.

Mon abjuration se fit sans éclat dans le palais du nonce, au mois de février 1754.

En accomplissant cet acte j'obéissais, je l'avoue, moins à la conviction religieuse (car je crois bonnes toutes les religions, pourvu que celui qui pratique un culte soit réellement honnête homme), qu'au désir de satisfaire ma passion pour l'étude des antiquités.

Avant de quitter Dresde, je publiai mon premier ouvrage : *Réflexions sur l'imitation des ouvrages grecs dans la sculpture et la peinture.*

Ce début fut heureux. Cependant je ne me sentais pas encore satisfait. Quelque chose me disait qu'un voyage en Italie augmenterait mes forces et me rendrait ce que j'aspirais à être : un savant véritable.

Je partis pour Rome environ un an après mon abjuration, sans demander aucun secours au nonce apostolique. Une pension de deux cents écus que mon confesseur m'avait obtenue devait me suffire.

Arrivé dans la ville vers laquelle tendaient tous mes vœux, je passai les premiers mois dans une muette extase au milieu des richesses du Vatican et du Capitole.

Je pouvais enfin contempler ces bustes, ces statues, ces vases, ces sarcophages, chefs-d'œuvre du paganisme. Je voyais, revêtue d'une forme palpable, cette éternelle beauté que j'avais devinée à la lecture des poëtes, des orateurs et des géographes grecs.

La révélation intime qui depuis vingt ans illuminait mon esprit et dévorait mes forces, avait pris un corps, m'enivrait de bonheur, guidait ma main et je me mis au travail avec une fièvre que rien ne pouvait calmer.

Après avoir visité à plusieurs reprises Herculanum et Pompéi, où des fouilles récentes avaient mis au grand jour la vie domestique des anciens, je commençai la publication de mon ouvrage : l'*Histoire de l'art dans l'antiquité*, qui me valut un beau triomphe, je suis fier aujourd'hui de le dire.

Ce fut de 1756 à 1758 que j'accomplis ce travail. Six ans après, en 1760, je publiai en italien les *Monuments inédits*.

J'étais alors déjà arrivé au plus haut point des honneurs qui pouvaient embellir mon existence.

Bibliothécaire du cardinal Albani depuis deux années, j'avais assisté ce protecteur éclairé des arts dans la disposition des innombrables objets de sculpture et d'antiquités que renferme sa superbe villa aux portes de Rome.

Lié avec les membres influents du sacré collége, avec beaucoup de princes et de grands seigneurs d'Italie et des autres pays d'Europe, avec le peintre Mengs et les principaux artistes ; nommé successivement inspecteur général des antiquités de Rome, bibliothécaire du Vatican en 1763, admis nombre de fois en présence de Benoist XIV, le souverain pontife ; recherché, fêté admiré, moi le fils de l'humble armurier de Stendal, moi l'orphelin élevé par charité, moi l'enfant de mes œuvres enfin, je fus saisi tout à coup d'une irrésistible envie de revoir encore une fois mon pays natal, cette Allemagne que j'avais quittée depuis douze ans.

Je voulais porter mon hommage au grand Frédéric, qui avait daigné s'intéresser à moi. Le duc de Brunswick, le prince d'Anhalt-Dessau, le baron de Münchausen, d'autres amis encore me conviaient à des fêtes données en l'honneur de la science.

Un but pratique se rattachait d'ailleurs pour moi à ce voyage : j'espérais recueillir les fonds suffisants pour faire des fouilles à Olympie.

Je partis donc ; mais à peine arrivé aux frontières du Tyrol, et comme ma voiture s'arrêtait pour changer de chevaux, une autre voiture partait du même lieu. Je me penchai à la portière pour voir quel était le voyageur qui me croisait, et jugez de ma stupéfaction, mon cher César, quand je reconnus soudain dans ce voyageur mon assassin d'il y avait vingt-six ans. C'était Ini, c'était Gaëtano, en compagnie d'un homme richement vêtu.

Aussitôt toute cette lugubre histoire, dans laquelle l'infâme prétendait que mon père avait joué un rôle terrible, me revint en mémoire et me plongea dans une tristesse épouvantable, dont rien ne put me tirer.

Rencontrer cet homme sur la route de l'Allemagne me sembla d'un sinistre augure. Cependant je continuai mon voyage et j'arrivai à Vienne.

L'accueil le plus amical que me firent les premiers personnages de l'Etat ne put effacer l'impression qu'avait produite sur moi la rencontre de Gaëtano.

Je parcourus minutieusement les musées et les bibliothèques, je dirigeai la traduction française de mon grand ouvrage; mais je fus constamment dominé par de si tristes pressentiments, que je renonçai au voyage de Dresde et de Berlin, et que je me décidai à revenir en Italie.

Bref, je suis arrivé à Venise il y a deux mois. Voici, mon cher César, le récit de ma vie entière, et maintenant vous en savez autant que moi. »

Un silence suivit ces paroles.

« Mais, dit le compagnon de Winckelmann, un autre motif relatif à ce Gaëtano ne vous a-t-il pas poussé à revenir en Italie plus encore que vos noirs pressentiments?

— Si fait, je l'avoue. Je voulais revoir cet homme, et me faire remettre les papiers qu'il m'avait montrés jadis, ou, s'il refusait, le livrer à la justice.

— Eh bien?

— Eh bien ! je sais à cette heure que cet homme

est l'ami intime, le compagnon de débauches et de violence du marquis Polonato, le fils du marquis Matteo, et que le meurtre qu'il osait me proposer était celui du père de son ami.

— Ah! c'est horrible! dit César d'une voix étranglée.

— N'est-ce pas?

— Ainsi le marquis Matteo avait fait tuer son père, et son fils voulait le tuer à son tour?

— Oui, et il l'a fait tuer, j'en suis sûr, car le marquis a disparu depuis plusieurs années à ce que j'ai appris. Le crime procède par droit de succession dans cette famille, j'en ai les preuves; mais cette fois le dernier criminel sera puni. »

César fit un brusque mouvement.

« Comment êtes-vous arrivé à la preuve de l'existence de ces crimes odieux? demanda-t-il.

— Je ne puis vous le dire, mon ami, je ne puis vous confier ce secret ce soir, mais le 9 de ce mois vous saurez tout.

— Pourquoi le 9?

— Parce que le 9 j'aurai été à Trieste...

— Et?...

— Et le marquis Polonato sera dans cette ville à cette époque avec son ami Gaëtano.

— Ah! çà! dit César en s'efforçant de sourire, vous avez donc la police à vos ordres.

— Peut-être, » murmura Winckelmann.

En ce moment, la gondole accostait : les deux voyageurs sautèrent sur le quai. La maison de Winckelmann se dressait en face d'eux.

« Entrez-vous, César? demanda le savant.

— Non, répondit César, la nuit est fraîche, l'heure est avancée, et je rentre également chez moi!

— La gondole va vous conduire.

— Inutile! La place Saint-Marc est à deux pas. »

Winckelmann et son compagnon se séparèrent : le savant pénétra dans sa maison, César s'éloigna en rasant les murailles, et se perdit bientôt dans ce labyrinthe de ruelles étroites qui entoure le palais des doges.

Arrivé dans une rue plus sombre et absolument déserte, César s'arrêta, regarda autour de lui et fit entendre un appel à voix basse.

Aussitôt un personnage masqué quitta l'enfoncement d'une porte dans laquelle il se tenait caché, et s'avança vers César.

« Tu l'as vu? dit l'inconnu.

— Oui, répondit César.

— Eh bien?

— Il m'a tout dit.

— Tout?

— Sans rien omettre. Je vous avais bien dit, monseigneur, que je finirais par obtenir sa confiance entière.

— Et...? reprit l'inconnu avec une anxiété visible.

— Et il se dispose à agir.

— Ainsi il est sur les traces?

— Sans doute, car il parle en homme certain de la réussite de ses projets.

— Ah!

— Oui. Il sait qu'on sera à Trieste le 9.

— Que veut-il faire?

— Livrer le coupable à la justice. »

L'inconnu tressaillit.

« Il n'oserait! dit-il.

— Il le fera! répondit César; et il peut tout faire protégé comme il l'est par la fleur de l'aristocratie européenne.

— Alors... il est temps?

— Je le crois.

— Eh bien! s'il veut agir, nous agirons.

— Donc?...

— Tu l'accompagneras à Trieste le 9.

César s'inclina en signe d'obéissance.

« Et vous y serez avant nous? reprit-il.

— Naturellement, dit l'inconnu.

— Où faudra-t-il nous arrêter?

— A l'auberge qui précède la ville.

— Bien!

— Fais en sorte qu'il emporte avec lui une collection précieuse...

— Il emportera ses camées qui ne le quittent ja-jamais.

— Parfait.

— Alors, à Trieste?

— A Trieste..... et ensuite..... cinq cent mille livres de France pour toi, César.

— Bon, ma fortune faite, je retourne en Sicile.

— Tu iras au diable si tu veux.

— Merci, monsieur le marquis.

— Chut! dit vivement l'inconnu. Pas d'imprudence. »

En achevant cette recommandation, l'inconnu fit un dernier geste et disparut dans l'obscurité de la nuit.

IX

Le 9 juin 1768

Cinq jours après la nuit durant laquelle nous avons retrouvé à Venise le savant Winckelmann, parvenu enfin, après un travail opiniâtre et une persévérance surhumaine, au sommet des honneurs et des grandeurs terrestres, c'est-à-dire le 9 juin 1768, deux hommes suivaient en voiture la route conduisant de Venise à Trieste.

Le véhicule, lestement entraîné par un excellent attelage, venait de dépasser Palmanova et courait sur Monfalcone, qu'il atteignit promptement.

Laissant à gauche le chemin de Gocrez, il s'élança vers Santa Croce, longeant les rives du golfe, et donnant à ceux qu'il transportait la vue du magnifique panorama de cette partie de la mer Adriatique, resserrée entre l'extrémité nord de la péninsule italienne et les montagnes sauvages de l'Illyrie et de l'Istrie.

Arrivée à Santa Croce, la voiture s'arrêta.

« C'est là que nous descendons? demanda l'un des voyageurs.

— Oui, mon cher César, répondit l'autre.

— Est-ce que nous demeurerons longtemps ici?

— Pourquoi?

— Parce que cette petite ville est affreuse et qu'un séjour m'y fait peur.. Si vous le voulez, nous la traverserons et nous nous arrêterons à sa sortie. Je connais sur le bord de la mer une auberge excellente, tenue par un pauvre homme, et située le plus pittoresquement du monde. Voulez-vous que nous allions jusque-là, mon cher Winckelmann?

— Volontiers, César. Cette auberge-ci ou celle dont vous parlez, peu importe! Je n'ai pas de préférence. C'est à Santa Croce que je dois m'arrêter, et pourvu que je m'y arrête, c'est tout ce qu'il me faut. »

La voiture repartit et atteignit la maison indiquée par César.

C'était une masure construite dans le genre italien, avec un toit plat et des fenêtres étroites.

Une petite fille jouait sur la porte.

Les deux voyageurs demandèrent une chambre. On les conduisit au premier étage.

Quelques heures se passèrent (les plus chaudes de la journée), puis la nuit vint, et avec elle la douce et bienfaisante fraîcheur, attendue si impatiemment dans les pays méridionaux.

Le maître de l'auberge ne paraissait nullement s'inquiéter de ses voyageurs, et ceux-ci, depuis leur entrée dans leur appartement, n'avaient rien fait demander.

A sept heures, César descendit rapidement l'escalier; il était un peu pâle, et ses traits contractés révélaient une émotion violente.

En apercevant l'hôte qui se tenait dans la première salle du rez-de-chaussée, il évita sa rencontre et passa par la porte donnant sur la cour, laquelle cour communiquait avec la campagne par une ouverture pratiquée sur les derrières de l'habitation.

Une demi-heure après, l'hôte parut se montrer soucieux, enfin, de ce que pouvaient devenir des rait sur Monfalcone, qu'il atteignit promptement.

Laissant à gauche le chemin de Gocrez, il s'élança vers Santa Croce, longeant les rives du golfe, et donnant à ceux qu'il transportait la vue du magnifique panorama de cette partie de la mer Adriatique, resserrée entre l'extrémité nord de la péninsule italienne et les montagnes sauvages de l'Illyrie et de l'Istrie.

Arrivée à Santa Croce, la voiture s'arrêta.

« C'est là que nous descendons? demanda l'un des voyageurs.

— Oui, mon cher César, répondit l'autre.

— Est-ce que nous demeurerons longtemps ici?

— Pourquoi?

— Parce que 'cette petite ville est affreuse et qu'un séjour m'y fait peur.. Si vous le voulez, nous la traverserons et nous nous arrêterons à sa sortie. Je connais sur le bord de la mer une auberge excellente, tenue par un pauvre homme, et située le plus pittoresquement du monde. Voulez-vous que nous allions jusque-là, mon cher Winckelmann?

— Volontiers, César. Cette auberge-ci ou celle dont vous parlez, peu importe ! Je n'ai pas de préférence. C'est à Santa Croce que je dois m'arrêter, et pourvu que je m'y arrête, c'est tout ce qu'il me faut. »

La voiture repartit et atteignit la maison indiquée par César.

C'était une masure construite dans le genre italien, avec un toit plat et des fenêtres étroites.

Une petite fille jouait sur la porte.

Les deux voyageurs demandèrent une chambre. On les conduisit au premier étage.

Quelques heures se passèrent (les plus chaudes de la journée), puis la nuit vint, et avec elle la douce et bienfaisante fraîcheur, attendue si impatiemment dans les pays méridionaux.

Le maître de l'auberge ne paraissait nullement s'inquiéter de ses voyageurs, et ceux-ci, depuis leur entrée dans leur appartement, n'avaient rien fait demander.

A sept heures, César descendit rapidement l'escalier; il était un peu pâle, et ses traits contractés révélaient une émotion violente.

En apercevant l'hôte qui se tenait dans la première salle du rez-de-chaussée, il évita sa rencontre et passa par la porte donnant sur la cour, laquelle cour communiquait avec la campagne par une ouverture pratiquée sur les derrières de l'habitation.

Une demi-heure après, l'hôte parut se montrer soucieux, enfin, de ce que pouvaient devenir des voyageurs qui, depuis leur arrivée, n'avaient manifesté aucun désir de dîner ou de souper.

Avait-il vu César quitter la maison? Ne l'avait-il pas vu? Ce point demeura plus tard tout à fait inexpliqué.

Toujours est-il qu'à huit heures l'hôte monta frapper à la porte de l'appartement occupé par les voyageurs. Ne recevant aucune réponse, il voulut ouvrir la porte.

Cette porte était fermée, et la clef en avait été emportée.

Ne sachant que faire, il alla prévenir la police. Les agents arrivèrent; on somma Winckelmann et son compagnon d'ouvrir, et, après avoir attendu un assez long temps, ne recevant aucune réponse, on enfonça la porte et l'on entra.

Alors un spectacle horrible se présenta aux yeux de tous.

Le savant gisait étendu à terre dans une mare de sang, la poitrine trouée par un coup de poignard.

La plaie, à demi fermée par le sang coagulé, attestait que la victime avait été frappée depuis plusieurs heures déjà.

On s'approcha, on s'empressa..... il était trop tard; Winckelmann avait cessé de vivre.

La cassette contenant sa collection de camées ayant disparu, la police fut convaincue que le meurtre avait eu pour mobile le désir du vol, la collection valant en effet une somme considérable.

Deux mois après, on arrêta et on pendit un homme en lequel on crut avoir trouvé l'assassin du malheureux savant, dont la mort fut un véritable deuil pour toute l'Europe intelligente ; mais cet homme nia, jusqu'à ses derniers moments, toute participation au crime dont on l'accusait, et cependant il ne faisait nulle résistance pour avouer bon nombre d'autres scélératesses.

L'année qui suivit la mort de Winckelmann, le marquis Polonato fit sa rentrée dans le monde, dont il était volontairement exilé depuis longtemps.

Le marquis avait, disait-il, consacré ce temps passé loin de la société à des voyages aussi pénibles à exécuter que curieux à accomplir. Son ami Gaëtano ne le quittait pas.

FIN DES MYSTIFICATEURS.

TABLE.

UN MYSTIFICATEUR EN 1794.

Chap. I.		1
— II.	Une dangereuse mystification............	25
— III.	L'arbre de la Barrière-du-Trône.........	39
— IV.	Les Tuileries en l'an II de la République une et indivisible...................	49
— V.	Le Conciliabule......................	61
— VI.	Un bienfait n'est-il jamais perdu.........	77

UNE FAMILLE EN LOCATION.

Chap. I.	Une veuve à marier...................	85
— II.	Un singulier prospectus...... ·..........	93
— III.	Une famille assortie..................	107
— IV.	Une pamoison à grand effet.............	119
— V.	Un déjeuner de garçons................	135
— VI.	La Confession.......................	153
— VII.	Le Contrat.........................	165
— VIII.	La Punition.	187
	Épilogue	207

AVENTURES D'UN SAVANT.

Chap. I.	Où le lecteur se voit forcé de convenir qu'une promenade matinale est chose agréable..	211
— II.	Jean le Sans-Souci.....................	223
— III.	L'Étudiant.	253
— IV.	Qui traite des désagréments de rencontrer en voyage MM. les grenadiers de Sa Majesté le roi de Prusse......................	269
— V.	Des avantages de faire sa barbe en plein air en se mirant dans un ruisseau...........	285
— VI.	Un souvenir de famille	301
— VII.	Venise	317
— VIII.	Le Savant.........................	329
— IX.	Le 9 juin 1768.....................	339

FIN DE LA TABLE.

Sceaux, imprimerie de E. Dépée.

Alexandre Cadot, éditeur, 37, rue Serpente.

COLLECTION A 1 FRANC

PREMIÈRE SÉRIE. — FORMAT IN-16.

XAVIER DE MONTÉPIN.

Les Viveurs de Paris.
    1re Série. LE ROI DE LA MODE.. . . . . 1 vol.
    2e — CLUB DES HIRONDELLES . . . . 1 vol.
    3e — LES FILS DE FAMILLE. . . . . 1 vol.
    4e — LE FIL D'ARIANE. . . . . 1 vol.

Les Chevaliers du Lansquenet.
    1re Série. LE LOUP ET L'AGNEAU. . . . . . . 1 vol.
    2e — PERDRITA. . . . . 1 vol.
    3e — DANAE . . . . 1 vol.
    4e — COURTISANE ET DUCHESSE. . . . . 1 vol.
    5e — et dernière, FRÈRE ET SOEUR. . . . 1 vol.

Les Pécheresses. PIVOINE ET MIGNONNE. . . . 2 vol.

Les Amours d'un fou. . . . . 1 vol.

Geneviève Galliot. . . . . 1 vol.

PAUL DUPLESSIS.

Les Boucaniers.
    1ʳᵉ Série. LE CHEVALIER DE MORVAN. . . . . 1 vol.
    2ᵉ — NATIVA. . . . . 1 vol.
    3ᵉ — MONTBARS. . . . . 1 vol.
    4ᵉ — et dernière. LE BEAU LAURENT. . . 1 vol.
La Sonora. . . . . 2 vol.

MARQUIS DE FOUDRAS.

Les Gentilshommes chasseurs. . . . . . 1 vol.
La comtesse Alvinzi. . . . . 1 vol.
Madame de Miremont. . . . . 1 vol.

A. DE GONDRECOURT.

Le dernier des Kerven. . . . . 2 vol.
Médine. . . . . 2 vol.

ÉLIE BERTHET.

Antonia. . . . . 1 vol.
Le Nid de Cigognes. . . . . 1 vol.
L'Étang de Précigny. . . . . 1 vol.

ALEXANDRE DE LAVERGNE.

La Recherche de l'Inconnue. . . . . . . 1 vol.
Le comte de Mausfeld. . . . . 1 vol.

HENRI DE KOCK.

La Tribu des Gêneurs. . . . . 1 vol.
Brin d'amour. . . . . 1 vol.
Minette . . . . 1 vol.

DIVERS.

Sophie Printemps, par Alexandre Dumas, fils. 1 vol.
Une vieille Maîtresse, par Barbey d'Aurevilly. . . . . 1 vol.
Le Mendiant noir, par Paul Féval. . . . . 1 vol.
Contes d'un Marin, par G. de Lalandelle. . 1 vol.
La Succession Lecamus, par Champfleury. 1 vol.
Chasses et pêches de l'autre monde, par Bénédict Révoil. . . . . 1 vol.
Rachel, par Léon Beauvallet. . . . . 1 vol.
Léandres et Isabelles, par Adrien Robert. 1 vol.
Les Inutiles, par Angelo de Sorr. . . . . . . 1 vol.
Six mois à Eupatoria, par Léopold Pallu. 1 vol.
Une Famille Parisienne, par madame Ancelot . . . . 1 vol.
Une histoire de soldat, par madame Louise Colet . . . . 1 vol.
Simples Récits, par Charles Deslys . . . . 1 vol.

DEUXIÈME SÉRIE, FORMAT IN-18 CHARPENTIER.

Xavier de Montépin. — La Sirène . . . . . 1 vol.
— Brelan de Dames . . 1 vol.
A. de Gondrecourt. — Les Péchés mignons . . 2 vol.
— Le Bout de l'oreille.
    1re Série. La Galoppe . . . . . 1 vol.
    2e — La Marquise de Trèbes. 1 vol.
    3e — Pierre Leborgne . . . 1 vol.
Alex. Dumas fils. — Tristan le Roux . . . . 1 vol.
Marquis de Foudras. — Jacques de Brancion . . . . 2 vol.
Paul Féval. — Les Couteaux d'or . . . . 1 vol.
Louis Beaufils. — Les Secrets du Hasard . . . 1 vol.
Adrien Robert. — Jean qui pleure et Jean qui rit . . . . 1 vol.

LE BATTEUR D'ESTRADE, par Paul Duplessis, 2 gros vol. in-18 . . . . 6 fr.

Lagny. — Typographie de A. Varigault et Cie.

www.ingramcontent.com/pod-product-compliance
Lightning Source LLC
Chambersburg PA
CBHW050758170426
43202CB00013B/2472